Black Whirlwind

黑旋风

作者: 水仙
Author: Shui Xian

Black Whirlwind
Author: Shui Xian
Language: Chinese
Publisher: Chicago Academic Press
Publishing Date: December 18, 2024
ISBN 978-1-965890-05-9

黑旋风

作　　者　水仙
语　　言　中文
出　版　社　芝加哥学术出版社
出版日期　2024 年 12 月 18 日
书　　号　978-1-965890-05-9

Publishing	Chicago Academic Press
	Chicago Illinois
E-mail	contact@chicagoacademicpress.com
Website	http://chicagoacademicpress.com/

Book Size　5X8 inches
First Edition December 18, 2024

All rights reserved. No part of this publication may be reproduced, stored in a retrieval system or transmitted, in any form or by any means without prior written permission from the publisher, except for the inclusion of brief quotations in a review.

19）我在客厅坐一下 86
20）百老汇琉璃 89
21）离婚 93
22）海角之夏 96
23）洋土豪失魂记 104
24）王子城修车记 111
25）重逢的酸楚 117
26）旁听者 123
27）一路向西 128
28）适者生存——在彭塔雷纳斯巧遇中国人 .. 131
29）东京小忆 139
30）单纯年代 144
31）哥伦比亚河之梦 146
32）我的理发师 150
33）悉尼之恋 155
34）火花 159
35）空中爱情 163
36）蕾丝边 172
37）青青自白 177
38）熟视无睹 202
39）猫也烦过 204
40）樱花盛开的地方 206
41）稚子 209

目 录

自序 i

1) 黑旋风 1
2) 逃离巴塞罗那之后 5
3) 做一回乱世佳人 10
4) 三岔口 15
5) 远山的蒲公英——阿拉斯加的一位中国女人 .. 19
6) 老农民 28
7) 翠霞姐 33
8) 走入纽芬兰与爱德华王子岛 41
9) 寻访上海国际饭店 49
10) 宛转迷人下马陵 54
11) 人生拼桌 58
12) 放风 61
13) 苦紫家的来客 64
14) 哈喽，托尼 69
15) 在海上，与孤独共舞 73
16) 安娜的世界 77
17) 陌生的熟悉 79
18) 借我一双慧眼 83

42）菩萨 212

43）无限风光 216

44）探访耶路撒冷 222

45）西方雅典 226

46）弹丸之心 229

47）让懂的人懂 234

48）我的翅膀 239

49）似水年华 246

50）房子的眼睛 249

51）父与子 253

52）九月风起 259

53）哥 264

54）西部情怀：一场与牛仔、牛群的意外邂逅 ..269

55）陌生祖母的金桔 274

56）伦敦过客 277

57）嗑瓜子 280

58）午餐约会 282

59）走入《小妇人》的世界 284

60）意外的公民礼 287

61）扫墓记 290

62）小鬼发飙 293

63）伦敦之旅：寻找勃朗特姐妹的心灵灯塔 ...296

64）横行将军 299

65）女卡西莫多 302
66）文艺路的兴衰 305
67）法庭见 308
68）听风是雨 310
69）喇叭花开 314
70）小妹 319
71）婚礼 322

自　序

水仙（美国）

　　这些年，我走过几十个国家，每到一处总要记日记，日记变游记就相当简单。

　　说实话，出国多年我仍在工作，年假就那么几天，挤时间到处跑，看似不着边际，其实也很有规划。每次游历都有一种心满意足的感觉，仿佛忙碌的日常中总算抓住了属于自己的那点儿自由。

　　最爱的还是欧洲，连那里的空气里都弥漫着浓郁的历史文化，时差再难倒也抵不过对浪漫的追求。那年夜晚在巴黎，"黑旋风"搞得我时差乱成一团，但并没有影响我们的短暂罗曼蒂克。再比如，"逃离巴塞罗那"的惊魂一刻，至今记忆犹新，回想起来竟成了旅途中最值得回味的故事之一。威尼斯的黄昏，更是让我在水城的狭窄客厅里，一边喝着咖啡，一边醉倒在宁静的美景里，心里想：这地方哪还需要人山人海，自己一个人已经足够美好了。

　　当然，旅行的路上不仅只有美好，也有狼狈。每次经历都像一场头脑风暴，或是思维的重置。不同的文化、语言、生活方式像一道道思维的"割草机"，把我的观念狠狠地犁了一遍又一遍，逼着我重新思考什么是真正的自由，什么是真正的生活。于是，每一次回来，总觉得自己又成熟了几分，仿佛心灵上的一片绿地被翻新了一遍。虽然难免有点疲惫，却也不乏欣慰。

回到现实，移民美国三十年，生活的点滴早已被洗刷成了一部部黑白故事片，色彩可能没那么鲜艳，但每一个片段都承载着真实的经历。尽管生活琐碎，我依然在写，在记录，写下来就是属于自己，哪怕它没有光鲜亮丽的包装。我总觉得，普通人的文字，恰恰因为普通，才最有力量。或许，这就是为什么我始终坚持写作，它是我精神疗愈的最好方式。

写作这件事，对我来说不是任务，而是一种陪伴。人说"走得远，心走得更远"，但我认为，走得远的同时，也该常常回头看看自己。每一次落笔，都是在给自己搭建一座心灵的桥梁，把那些散落在旅途中的感悟一点点拣回来。随着年纪增长，越发明白，读书和写作是保持内心清晰的必需品。它们让我有机会重新审视自己，思考当下，甚至与过去和解。

回看这些年出的几本书，尽管有的参与了别人策划的书目，但《女流浪者》是我的第一本个人散文集，记录了我和世界的点滴。如今的这本《黑旋风》，则更像是我在旅途中的碎片化思考。它以游记为主，夹杂了一些随笔和短篇小说，都是在日常的"跑动"中随手写出的。原本我以为自己不敢写小说，怕写得不伦不类，但尝试之后，勉强能挤进这本书来"凑热闹"。这些文章大部分都在美国华文报刊杂志刊登过。

感谢一路陪伴的朋友们，感谢你们的鼓励与支持。希望这本小书能够给你们带来一些新的启发和乐趣。

无论如何，希望你们和我一样，能在每一次的旅行中发现属于自己的那份感动。

今天是我的生日，这篇序就是礼物。想起来就开心！

09-27-2024
于美国华盛顿州 Bellevue 家中

黑旋风

为纪念结婚二十周年,那年我们去了巴黎。

抵达巴黎戴高乐机场时,天高云淡。我们顾不上环顾四周,拉着箱子飞也似地冲进了地铁,朝酒店方向而去。

还没有回过神儿,就觉得地铁里一股黑旋风扑面而来。哎呀呀,一片黑衣人群挤在车厢里,就像刚刚散场的葬礼一样,让人喘不过气来。这里大部分人都身着黑色衣服,即使围巾也选黑色,让我略感惊讶与好奇。我们就像两只刚从另外一个林子飞来的鸟儿误闯到乌鸦的世界,有些局促不安。

地铁嗖嗖地滚动着,望着对面站着的一位黑衣女人,她使我的视野再次走进大仲马的长篇小说《黑郁金香》里面。我低头从脚下往上移动眼球,黑高跟儿皮鞋,黑蕾丝袜子,短而俏丽的黑裙子,透明而纤细的双腿固执地支撑着她那苗条的身躯;再往上平视,一张小而立体的脸,不加修饰的长发,随便地盘在头顶,一缕散发从额前富有弹性地垂落着。这里的女人们有种说不出的懒散与休闲气质,英文 romantic 一词的最初意思就是"休闲",这大概就代表巴黎妇人的风韵了,我相信巴黎女人的风度远远超越巴黎男人。

望着黑咕隆咚的车厢,我下意识地摸摸自己脖子上的蓝色围巾,觉得有些格格不入,赶快将它拉下来塞进包里，瞬间将自己不折不扣地融化到这股凶猛的黑旋风里去了。

走进离香榭里大街不远处的巴黎德加勒王子酒店，大厅里精巧的黑色橱窗里淡紫色 Chanel 香水瓶扑面而来，让我有所感动，黑色橱窗给人一种神秘而高贵的氛围，那香气弥漫到整个大厅，散开来去。有人说，每个酒店的大厅都有其独特的香水味儿，一点儿没错。

黄昏，我被他从时差的昏睡里拉了起来，匆忙裹了一件黑色风衣就奔向了香榭里大街。那是一条用灰黑色砖头铺砌成的两边种满榆树的大道，充满法式的优雅与浪漫。余晖映照在榆树枝叶之间，像一捧捧金色的玫瑰镶嵌在人们的视野里。

那个白天里刮够了的黑旋风依然肆无忌惮地飚在整条街上，夹带着香水和香烟混杂的气味儿，夜幕里有几只星星眨巴着明亮的眼睛，伴随着人群的嘈杂喧闹。街道上的黑衣人群满都不能再满，仿佛就要溢出来，我犹如走在梦里一般。

从未在一夜之间见到如此之多的人群，而那些人三五成群，悠闲地聚集在剧院、酒馆、化妆品店、还有名牌包包店附近。有一卖烟的小商铺外排着长长的一条队，就像一条黑龙。我感觉巴黎人除了喷香水，第二大嗜好就是抽烟喽。

我挎着丈夫的胳膊裹着黑风衣在凛冽寒风里感受着这巴黎之夜。瑟瑟寒风之中的香奈儿香水味儿久久不肯散去，就像无数小精灵般在蜿蜒流动的人群中盘旋跳跃。

白色天鹅湖芭蕾舞剧照在淡黑色的墙幕上闪着永恒之光，真想看一场真格的芭蕾，可票是要预购的，对我们这些匆匆过客来说，的确可望而不可及。

沿着小砖块儿铺成的步行街从这头儿走向那头儿，凯旋门像一卷沉默的史书般闪着神秘的光芒，又像似一位阅历深厚的老者观望着眼前的林林总总。还有那众多穿着黑丝袜、黑裙、手里夹着香烟的丽人们，我心里别有一番滋味儿。其实刚刚才搞明白，我们这是碰巧赶上了巴黎的万圣节。

人们这么快就忘却了前几周的巴黎大罢工与游行，对政府通过延长退休年龄（从六十岁延长到六十二岁）言听计从了，巴黎人闹革命闹得快，但忘性也大。

欧洲人喜欢穿黑色衣服是有历史渊源的，而巴黎又是欧洲之都。从历史、文化和时尚的角度来解释，文艺复兴时期，黑色不仅是哀悼的强制性颜色，也是牧师、僧侣和修士的标志性服装，象征着谦卑、忏悔以及对世俗事务的疏离。十四世纪末，黑色开始世俗化，富商穿黑衣以给人严肃正直的印象。在欧洲文化中，黑色具有多重象征意义，包括高贵、庄重、正式等。黑色在时尚界一直占据不可撼动的地位，黑色织物的华美和能够展示地位与权力的特性，使其在贵族中受到推崇。从十六世纪的贵族到十九世纪的香奈儿小黑裙，黑色成为精致、优雅的象征。二十世纪以来，黑色被更多设计师赋予了丰富的含义，如山本耀司所说的"黑色既谦虚又傲慢，懒惰而轻松，但又神秘。"

走的前一天有个插曲，那日，我们刚走过巴黎香榭丽舍大街上的LV总店门口，被一位身穿黑绸裤白绸上衣的亚裔男人挡住，他问："是中国人吗？请帮个忙，能不能拿你们的护照帮我进店买只新款黑包？一本护照只能买一次"，那人一脸渴望。他怕我们不同意，又说："我是随国内旅行团来观光的，我跟您进去付款，您只需出示证件，发票您留着，到海关还可以退税。"我老公欣然答应，觉得进店看看也无妨，就帮同胞办了事。那人说要黑色的，固然黑旋风刮到了店里也不为过，LV黑包镶嵌到全世界女人心里去了。

离开时，当飞机越过巴黎上空的一霎那，我突然有所领悟，也许只有黑色才能匹配这既浪漫幽雅又古老神秘的巴黎城吧。

如今，新巴黎不再旧巴黎，当初的心境已无法安放。巴黎已经是恐怖分子的众矢之地，复杂的移民、难民问题使其失去了环境的和谐与悠闲。

真希望那股"黑旋风"般的浪漫情怀再次回到我的心田。

05-30-2010
刊登于美国"西华报"

逃离巴塞罗那之后

那天，我们从西班牙马德里坐高铁回到巴塞罗那时，满城风雨。拉着行李箱，从成千上万闹独立示威游行者的队伍间挤过，呐喊喧闹声震耳欲聋。

第一次在欧洲遇到这般情形我颇感恐慌，从巴塞罗那登上地中海游轮分明就算是一场逃离，着实有一种冒险的快感，我想，此刻的自己一定是疯喽。

满城持枪荷弹的警察，不同方向传来的警车鸣笛声响彻云霄。我个人认为如果加泰罗尼亚自治区独立，西班牙就彻底完蛋了，因为这个地区是西班牙经济的支柱，就如同美国的加州是美国的经济支柱；中国的广东是中国的经济支柱一样。地域或民族的利益必须服从国家，毫无疑问，似乎每个国家都有自己的民族问题。

耳边乱哄哄地，脑子一片浑沌，突然闪过"管它三七二十一"这几个字眼儿，我们毫不犹豫地逆着人群，匆忙拉箱奔向地中海方向的万吨游轮。

依次排列在港口的四艘轮船映入眼帘，于夕阳里静默着，人群如蚂蚁一样密集，向游轮移动。它越来越近，越近，像庞然大物一样矗立在我的眼前。

我在心里默念，巴塞罗那在混乱中依然不失其优雅高贵的气质，因为那里的圣家大教堂让人类折服，让我窒息，千万不可以有什么意外发生呀。

Cruise 是我们这次来西班牙的主要目的，只要登上船，心就放回了肚子。

在拥挤的 check in 过程中，我们依然经历着像蝴蝶一样行走，如蜜蜂一般寒暄。来自不同国家不同肤色的乘客们盛装出席，笑礼相向，仿佛刚才在街上所经历的一切都不曾发生，也没有目睹，表情中有些事不关己高高挂起的感觉。

我们终于用精巧的门卡打开了带有凉台的房间门，拉开窗帘，窗口呈现给我的是一副不大不小的巴塞罗那风景画，perfect。必然是高低错落的建筑，哥特式教堂，湛蓝的地中海海岸线，以及风情万种的海鸥，正呱呱呱地叫着白云。那是一种理想中的美丽世界，安详优雅，然而暗藏玄机。我们管不了那么多了，游客估计也不想参与其中，随着游轮的汽笛声，我离那场骚乱越来越远。

游轮在海上静静地航行了一夜，当黎明的第一道曙光射入窗口，我从睡梦里睁开了眼睛。拉开窗帘往外看时，轮船已经靠岸，那"巴黎圣母院"电影里唱出的马赛曲，法国国歌的诞生地——马赛被上帝拱手捧到了我的面前。

估计，所有人的眼睛都直了，马赛与黎明一起来临，让人有些应接不暇。

有三艘游轮依次停泊于马赛港海岸，几万人被同时撒在马赛沿海的街头巷尾。簇拥、急促、欢快、盛装、悠闲等所有形容假日的词汇被重叠在一起都会感到词穷墨尽。恍惚间我以为，眼前的世界是以电影的形式表现于现实中，或以现实的形式表现于电影里。由于比较激动，就觉得自己热血沸腾，越来越像演员一样，全神贯注地进入了旅游所赋予的角色。

码头上海鸥飞翔、帆船谍影、卖鱼人家、还有那碧海蓝天，人们几乎是忘我的，共同为此刻的美景做着自己的贡献。原本收费的bus没有空隙让乘客挤过去投币划卡，此刻，马赛或许是一下子被热情的游客死死拥抱住，喘不过气。商家原本想大赚一笔，可因为是短暂停留，有些东西飞机上不让带，或不合适带，只好摸摸看看，然后遗憾地放下。有一群讲英语的大妈们在挑选路边摊儿的耳环、项链或纪念品之类，旁边有个不知是其中谁的丈夫突然冒出一句英文："Happy take it home this year、be happy yard sell next year"，然后在场的所有人都哈哈大笑，我快笑崩了。

像所有海港城市一样，马赛最热闹的地方就是水边的老城，也是最有韵味的地方。鱼市上用旧木桌摆着的小鱼小虾一堆堆地吸引着当地居民来消费，对于嗜好钓大鱼的我们难免要去围观。小鱼怎么吃呀？不懂法语的我们没办法更接近当地居民，不知所措之后就觉得北美的资源还是丰富，像这么小的鱼虾在北美都不允许钓或着做饲料了吧。地域的不同造成饮食文化迥然不同，所以欧洲的饮食比较细腻唯美；美国总是大而化之，豪放不羁；中国则丰富多彩，全国一片红。

　　我看一眼那堆儿小得像指甲盖大小的海蚌儿，想象着如果自己吃到嘴里，一定会用自己坚硬的牙齿嚼碎了咽下肚子，一定会的！哈哈，没有耐心又怕麻烦的我总会嚼碎了许多带壳的食物吞下肚去，还津津有味。号称时髦的法国人在这里丝毫不会凸显其魅力，因为满街百分之九十的人都是世界游客，着装美丽，都以最完美的姿态与最愉悦的心情展现自己了。今日的游客大部分都从游轮下来，基本上就是外国人，说什么话的都有。

　　眼前出现一大排铁皮垃圾箱，依次排列于岸边，里面盛满从水里打捞上来的还带着淤泥的无所不有的东西：易拉罐、酒瓶、衣服、电动滑车、滑板、共享单车、渔网、皮鞋、手套。其中有一名志愿者穿着潜水衣在翻箱倒柜地把每样东西摆在人们面前，旁边贴着一张用法语、英语写着的告示，大概意思是要大家保护环境，坚决杜绝往水里乱扔东西。其实，这就是一堂生动的保护环境的现场直播课堂，更是一所无声的免费博物馆。

　　难道不是吗？世界上许多有水的地方都快被污染了，我告诉自己千万不要乱丢垃圾，也会告诉所有读者发生在马赛水垃圾的故事。长长的红色游览车繁忙地穿行于马赛的大街小巷，我有幸挤上一辆由于拥挤而人贴人，没法买票的公车上。车盘旋于蜿蜒曲折的山路，我们要去著名的海拔最高的马赛主教堂。

风大、我就竖起领子；景远、我就举起望远镜；坡陡、我就一步一个脚印。站在山顶上望断马赛，围着教堂四周的亭台转圈地看，这里的风景的确美翻了！红砖青瓦，碧水蓝天，那就是天堂般美丽吧。唯一遗憾的是因为时间的关系，怕赶不上船，只能远眺那近在咫尺的伊夫岛——大仲马《基督山伯爵》里着笔的故事发生地。我文学青年的浪漫情怀被青山碧水隔断了，只好望洋兴叹。

12-12-2019

做一回乱世佳人

二零一九年春天,我们去了香港。那时的香港,街景如画,碧空如洗,繁华的人群在街头巷尾流动,如同一幅川流不息的城市长卷。维多利亚港的海风时而吹过,带着一丝湿润的咸气,与这座城市的熙攘氛围交织成一种别样的情调。

那日,我从梦中醒来,慢慢撩开那破旧不堪的印花窗帘,向外张望。意料之外,眼前没有看到碧蓝的天空,只有一扇面对着我的窗户,窗对着窗,仿佛一座现代版的天井将我包围。从那看不见的天空中,透过来一缕淡淡的光线,影影绰绰地映在对面的墙壁上。此时,时钟指向早晨五点,整栋楼的住客大多还在沉沉的梦乡中未曾苏醒。

我曾以为这是一处浪漫的香港民宿,期待着在晨曦中透过窗户看到维港的轮廓,听到叮叮车的清脆声响。然而,后来一位曾在香港住了多年的朋友告诉我,这里是全香港最乱的地方——重庆大厦。许多港片中的黑社会场景,正是在此取景。我对此一无所知,如今站在这里,回望这片陌生的天地,不禁有些后怕。

转身再看看自己的房间,目光停在沉睡中女儿那青春美丽的脸上,心中泛起阵阵感慨。房间狭小至极,大约只有十平方米,放着一张单人床,床尾上方有个架子,架子上放着一个老旧的保险箱。我们的化妆包和洗漱袋凌乱地摊在上面。什么电视机、衣橱、化妆台，原本在我脑海中描绘的旅馆设施一概没有，现实让我的想象全盘崩塌。最值钱的，恐怕就是挤进两面墙壁的那张床和挂在窗户上方，吱吱呀呀作响的旧空调。说真的，这种简陋的生活条件让我不禁想起了七十年代大陆的居住标准。

从房门推开到外面，仅有一米见方的狭小空间供我们活动。所谓活动，就是一人站立，勉强能够转个身，推开门，蹲下身将行李箱推入床底，然后再推开位于床右侧的卫生间门。仿佛这间房里的每一样物件都在无声地对我们说："俺就这条件，随你看着办。"

这间小屋连踢个腿都无法完全伸展，想劈个叉简直是奢望。厕所里的洗手池低得让我都懒得弯腰，只需稍微蹲下即可。水龙头年久失修，滴滴答答地漏水，像是一首无尽的悲歌。虽说有淋浴，但喷头盖子早已老化，水流下来的时候，稀稀拉拉如同刚拧过的湿布一样稀薄。马桶盖上的水珠滴答作响，镜子上蒙着一层薄薄的雾气，女儿的面庞映在雾中，如同一幅朦胧的水墨画，给这压抑的空间平添了一丝诗意。

香港的湿热空气亲吻着我的脸颊，作为北方人，我对这种潮湿感到格外不适应。尽管如此，空调的隆隆作响还是让我感到一丝慰藉。即便是在这鸽子笼般的房间里，我也愿意整夜听着这旧空调的声音，它像是一缕缕来自维港的清风，轻轻拂过，讲述着那些旧时的故事，仿佛将我拉回到几十年前的老香港……

"如果有人能在这儿弹一曲《多瑙河之波》就好

了。"我感慨地说。

女儿轻笑："Mom, you are in dreaming"没错，我确实仍在时差的困扰中。我们母女俩像是被关在笼中的鸽子，梦幻般地想要飞翔。

当初本打算跟团旅行，但女儿坚持说不想跟团，嫌太不自由。于是，我们没有提前做好充分的准备，匆匆在网上预订了这家旅社。没想到，旅舍竟然如此奇葩，楼中楼，井中窗，我们俨然成了井底之蛙。

走进这拥挤不堪的建筑楼里，掠过形形色色的面孔。有人在叫喊，有人推着沉重的行李，有人眼神恍惚，或疲惫不堪。大厅两旁摆满了各国美食，小贩们在柜台后忙碌。我甚至无法辨认那些肤色不同的面孔究竟来自哪个国家。上楼的电梯口挤满了各色人群，面色疲惫，通道被摊贩围得水泄不通。浓浓的咖喱饭香，热带水果的清甜气息，混杂着海鲜的咸腥，一起扑面而来。此刻的我们，仿佛成了蒸笼里的包子，汗流浃背，几乎要化掉。真想变成一只氢气球，轻飘飘地升到半空，逃离这一切。

走出重庆大厦的瞬间，便踏入了繁华的街道。这里的繁华与大厦内的拥挤形成了鲜明的对比。重庆大厦的楼群被周围的高档商场和精致餐厅包围，仿佛是被现代都市所挤压的"异类"，但也正是这种对比，让我看到了真实的香港。朋友说这里是香港的乱世，而我们母女俩就是这乱世中的佳人，哈哈。

第一天，我们拖着行李，汗流浃背地挤进电梯，被一位黑矮的孟加拉国人带进了一间办公室，情景就像港片中的剧情那般戏剧化。

"你们千里迢迢从美国来，我给你们一个大房间，六百港币一晚，怎么样？"一个温和的东南亚女人仰头问我。我当时愣住了！原本预订的两百港币一晚的房间不翼而飞，取而代之的是这个贵了三倍的"豪华大房"。想反抗，想争辩，但不知为何，我并没有那么做，或许是被眼前的闷热环境和对方的冷静话语压制住了。现在回想，仍不明白自己当时为何会选择默默接受。

打开门的那一瞬间，我觉得自己被开了个玩笑。所谓的"大房间"，不过是空间稍微大了一点的鸽子笼。我忍不住大笑，感叹自己竟如此孤陋寡闻。也许，这就是命运的安排吧，让我体验到香港本地人的生活。

"我们白天都在外面跑，晚上只要有个地方睡觉就行了。不要在意这里的大小，假装我们住在五星级酒店吧。"我对女儿说。女儿听后大笑："妈妈，你真是傻得可爱。"我们在这间窄小的房间里，暂时放下了对环境的不满。我心里也默默告诉自己，这不过是个睡觉的地方，何必为涨价和条件烦恼呢？

天亮了，女人依然华丽地出场，穿梭在这座繁华的城市里。街道车水马龙，风轻云淡，人们步履匆匆，游人和本地人交错而行，仿佛每一个人都与这座城市融为一体，活力四射。

游过街心公园后,我对女儿说:"去吃煲仔饭吧。"她笑着答应了,眼中满是期待。

这场"乱世佳人"的香港之行,便成了我送给女儿的大学毕业礼物。

10-2018 初稿,
曾刊登"世界日报"

三岔口

估计世界上叫"三岔口"的地方很多，各国人民用各自的语言标注这个地名，英文则是 Three Forks。美丽的蒙大拿州也有一个 Three Forks 镇。我们的车在前往黄石公园的路上，四个车轮仿佛被什么吸引般，竟然"迷恋"在这个地方，不愿继续前行。

朋友发来信息，邀请我们到镇上的咖啡馆坐坐。我们谢绝了，只想顺道去探访一下他。这位洋人曾是我先生的老板，早已从西雅图退休，回到这个仅有一千多人的家乡小镇。镇子不大，寂静悠然，仿佛时间在这里被温柔地拉长。

车停在垂柳轻拂的无名湖边，湖水清澈如镜，倒映着蒙大拿州广袤的天空和连绵的群山，就像天空掉下来一块儿似的。旁边的高尔夫球场绿意盎然，清新的青草气息随着微风飘过湖面，扑面而来。远处，几杆美国国旗在零星散布的房屋间随风轻扬，几声鸟鸣在夏日的寂静中显得格外清晰。如果是在中国，这么个弹丸之地，恐怕只能算作是个小村庄。

晚饭时分，GPS 带领我们来到山坡上的一座白房子前。院子里停着一辆卡车和一辆吉普车，侧面还架着一艘游艇，几根鱼竿随意地挂在艇上。随着小狗的叫声，一个小男孩和一个小女孩跑了出来。孩子们约莫七八岁的年纪，穿着短裤短衫，男孩子瘦小灵活，赤着脚丫跑来跑去；女孩则面色红润，黄发碧眼，健壮如同一头小牛犊。朋友还没出来，两个孩子已经争相介绍自己。女孩撩了撩脸上的几缕发丝，伶牙俐齿地说道："你们是找我 grandpa 的吧！他马上出来。我叫露丝，他叫库克，他是我新爸爸带来的小子！" 说罢，她便爬上了船，而库克则骑着自行车满院子跑。

先生与昔日的老板热情握手，问寒问暖。记忆中，他工作时整日西装革履，那胖胖的身子总是被禁锢在西服里，满身大汗；如今他却只穿着一件旧 T 恤和短裤，显得无比轻松自在。我问他过得如何？他笑着说："自从退休后，没了工作压力，身体好，心情也好！现在和小女儿一家住在一起，生活很平静。" 话语间，他的神情透露着一种自由的满足感，仿佛卸下了多年的重担。

他带我们参观他那片种满蔬菜和鲜花的院子，指着远处山坡下的一片白色建筑群和冒烟的烟囱说："那是 Johnson baby powder 的工厂，这个镇上唯一的产业，靠它养活了这里近千人。" 听到这个，我不禁感到惊讶，原来闻名世界的婴儿痱子粉竟是出自这个宁静的三岔口！这个不起眼的小镇，用默默无闻的方式，为世界的婴儿贡献着一份力量。Three Forks 与 baby powder，从此在我的记忆里再也无法抹去。

"在单位的时候，您教会了我很多技术，受您的影响很深。" 我先生诚恳而动情地说道，老领导满脸通红，激动之情溢于言表。若不是怀着这份感激，我们也不会千里迢迢来到这里。

听着他们的对话，我心中也不禁感慨万千。往事浮现眼前——那时，我们没有船，第一次出海钓鱼，便是坐在这位老板的船上，结果还晕了船。第一次野营，学会搭帐篷，看着他们这些男人们穿着野营服烧烤。很多"第一次"，都是从他们那里学来的。如今，他们有的退休，有的已经逝去，时光流逝得如此迅速，叫人感伤。

夕阳的余晖洒在一高一矮的师徒身上，他们的影子被拉得很长，就像拉长了无尽的回忆……

我们带来的牛肉干分给了孩子们，孩子们抓着食物，兴奋地和我聊天。一个问我喜欢狗吗？另一个则问我怕不怕小白鼠？我笑着说我都喜欢。他们立刻跑回屋里，抱来了自己的宠物——小狮子狗依偎在露西怀里，小白鼠则在库克身上四处爬动，惹得我惊愕不已。

"能到你的 RV 上看看吗？"孩子们对我们的旅行车充满好奇，他们兴致勃勃地爬上去转了一圈，问这车要多少钱？我笑着说："去问我先生吧，他是老板。"露西随即挺着胸膛说："我爷爷是我们家的老板，房子是他的。我妈妈说，和爷爷住一起是为了省钱，买自己的房子。"小库克则一脸认真地指着露西，说他爸爸刚和露西的妈妈结婚，他们也在攒钱，准备买一辆旅行车，带着他们一起去旅行。孩子们的天真无邪深深感染了我，重组家庭的变动并没有给他们带来丝毫的忧伤。我第一次深切感受到，美国的孩子，接受现实的能力是如此之强。

夕阳渐渐沉落，我们握别了老板那宽厚的手掌，与孩子们拥抱道别。心中想着，下次再相见时，露西也许会长成一个大姑娘，她妈妈也许会在山坡下买下一栋属于自己的房子，和爷爷的老宅遥相呼应……

然而，世事难料。几个月后，朋友因突发心脏病去世的消息传来时，我和先生都不敢相信。那次在三岔口的相聚，竟成了我们最后一次见面，也成为我唯一对他最深刻的记忆。在那个夏日的夕阳下，他笑容满面的样子依然在我眼前挥之不去。我们没想到，那样的一天会是永别。

如今，Three Forks，不仅仅是个地名，它变成了我们心中的永恒纪念。那片静谧的湖水，远处飘扬的国旗，还有他宽厚的大手和温暖的笑容，永远镌刻在我们心中。每当回忆起那次探访，心中总会涌起一股难以言喻的伤感与怀念。

Three Forks，这个小镇，住着一户传统的美国人朋友，也住着我们的回忆与祝福。它不仅是一次偶然的停留，更是人生中无法抹去的深刻印记。

07-19-2016

远山的蒲公英
——阿拉斯加的一位中国女人

游轮在太平洋中沿着广袤无际的积雪松林海岸线缓慢行进，有人喊看到了跳跃的鲸鱼，大厅里的游客同时都奔向窗口争相拍照。我们就要到达只有七百六十多居民的阿拉斯加小镇 Hoonah，此刻阳光竟如期而至，我为之振奋。

从港口下了船步行往镇里走，只有一个半英里路，一路上美丽的蒲公英金灿灿地在阳光下绽放。沿着开满蒲公英的公路边一直走下去，首先看到路右边停靠了无数残缺不全的帆船，看起来是一个很大的帆船修理厂。前面路边的私家酒馆也关着门，没有了往日喧闹。听杂货店的 Casher 介绍，再等两周螃蟹季节一开始，酒馆就开张营业了。二零一五年我们光顾此镇时的热闹景象还历历在目。除了游轮，这个小镇只能靠小轮渡和小飞机才能到达。没有陆路交通，也就限制了人们的活动范围和生活品质，更是当地物价高于内陆的原因之一。严格地说，它几乎与美国内陆是隔阂的。

我们看到靠路左边有个小巧的白色汽车销售厅，车前悬挂着一盆紫色吊篮，简易的用黑笔随便写着的几个英文字母，炒米饭，冰激淋等三四样卖单，底下随便手写着"你好！"的中文。

看到这两个手写中文字我产生了强烈的好奇心。

我先生朝着窗口"Hello"了一声，真地看到一位瘦小的亚裔女性探出了头，同时双手还在不停地忙活着摆弄东西。她看见我们就不由自主地露出笑容问："中国人？"

我们会心一笑说从西雅图 Cruise 来的，看到手写中文字了，猜想老外写不了这么好。打过招呼双方都异常兴奋，她兴奋于能有人和她用中文面对面聊天，我兴奋于在这么遥远的小镇还住着一位中国女人。

她一边擦桌子一边与我们聊开了，说自己是东北辽宁来的，不远万里从一个七百多万人的大城市来到一个只有七百六十多人口的小镇上，这更加增加了我对她的好奇心。她手里端个盆子走出亭子，说话的同时还继续忙着手里的活儿，她把盆中刚削掉的红萝卜皮抓着撒向各个育有菜苗的地里，说这是绿肥，过两天等菜苗长出来后再翻到土底下，就会变成肥料了，每年都是这么翻土。

说话间我仔细瞧她，她看上去有四十八九岁，留着漂染过的长发，长相秀气，身材娇小，手脚麻利，说话还带着东北音。

旁边窄窄一溜地上，用旧轮胎做的一排排花盆里种满了各种蔬菜花卉吸引了我，我还是有生第一次见到有人用旧轮胎改造成花盆，既别致又够大，她说这都是自己一刀刀割出来的。她又沿着小路麻利地掀开一个个蔬菜盆上的塑料布，用水管子一一浇撒过去。有一盆韭菜长得格外粗壮，在阳光下绿盈盈地……

"你的韭菜长得这么好,要比我的粗两倍!"我赞口不绝。

她回答说"阳光和肥都很重要,我就是把冬天的菜叶子、鱼骨头埋在地里窝肥。夏天一晴,我这里都是阳光。在美国种韭菜的都是中国人,中国人爱吃韭菜饺子。"

话匣子一打开,眼前这位瘦小的东北女人不由自主地把自己的故事娓娓道来。很久没人跟她讲中文了,舌头都硬了,即使讲,满脑子还是先想起英文,这时她的眼睛有些湿润。

她叫秀云,东北辽宁人,二十多年前,她通过网络认识了自己的丈夫,一位朴实的年长十岁的美国渔民。她靠电子翻译软件与他网上交流,感觉他是个忠厚老实的男人。想想自己前一段不幸的婚姻,还有个孩子要养育,一种赌博的心理油然而生,没多久她就带着自己只有几岁的儿子不远万里嫁到了美国。

她说平常在一起时即使语言不通,丈夫也明白她的意思,在生活中他处处照顾她和孩子,一家三口其乐融融,这也许算是缘分!

最初,他们住在夏威夷以打鱼为生,然后又选择了阿拉斯加,两边安家,并以季节的变化两头跑,夏天就搬来阿拉斯加,冬天则回夏威夷,打的鱼就卖给当地的渔业公司。说到这里她指指路对面的一所平房说,那里就是镇上的渔业公司。

钓鱼也是个辛苦的职业，一天十几个小时风吹雨淋，就这样，他们通过自己的辛勤劳动而积累资产，在两地都置办了家业。

她自豪地指着身后的一栋 House 说是自己的家，旁边还附带一个小房子，小房子目前出租着，补贴家用。

她带着孩子与丈夫相依相偎地生活了二十年，她先生忠厚老实，尤其是对她儿子视如己出，教他英文，教他钓鱼，那时候老公就是她的主心骨，她什么都不用管，就是在家做饭打扫卫生，最令她感动的是，她老公还把她儿子供出了大学。

"海浪这么大，你不晕船吗？"我先生问。

"不晕，一点都不晕！"秀云笑着说。她还说这就像是天意，嫁个打鱼的，不晕船是上天的礼物。

"那你们主要钓什么鱼？"我先生是个钓鱼迷。

"什么鱼都有，不同的季节钓不同的鱼。"她回答。

我们正聊得热火朝天，马路对面的海面上有两条鲸鱼跳出水面，展现其优美的身姿，有路过的游客尖声大叫起来。

"随时都可以观赏鲸鱼表演，你真是选了个好地方住呀!"我说。

"今天早上五点多我就被鲸鱼的戏水声吵醒了!"秀云一面干活一面讲话,用手中的水管把整个花园及菜地又浇了一遍。

她此刻有些激动地告诉我们,几年前她失去了自己心爱的丈夫,他不幸患喉癌去世了。在他病情恶化的人生最后两年里,是她一个人独自照顾、陪伴丈夫,直到他走。

她热泪盈眶地说:"照顾癌症病人就是一种折磨,真不容易!自从他去世后撂下家里这一摊子事可难为我了!我什么都不懂,英文又不行,每次打开信箱,看到一封封信我都紧张,不知如何处理。家里的账单,税单都得自己解决。多亏有两位热心肠的白人邻居老太太帮忙。"

"你真是一位坚强的女人!"我说。

"他走后的半年里我连人都不想见,整个封闭了自己,就像得了忧郁症一样。头一两年自己也灰心过,也有回中国的念头,毕竟亲人都在东北。可一看眼前这一大摊子家业,寻思着我走了谁来照顾这个家?毕竟是住了多年的家呀,有种割舍不了的感情。虽然我遇到这么大的不幸,可人总要向前看,还是要努力活着。"秀云不由自主地用袖口擦擦眼泪。

她指指身后的房子说,从油漆到修理都是自己在做，菜地也是自己搞定的，除了照顾生意，天气好时有空还到水里划船，她指着放在院子里的蓝色小船说。秀云脸上又露出了自信的笑容，说如今自己也会处理信件，知道什么是 trash 了。美国每天的垃圾信件源源不断。

"东北女人就是能干，你是我们移民的自豪！"我由衷地说。

她说，这是自己的生活态度，天下这么大，人无论生活在哪里都要学会自立，要有一颗充满生活热情的心。她提到，去年有个从东部来的华人游客，言语间还嘲笑她生活在这样的破地方就是个傻瓜。

我心想，每个人移民到哪里都有其历史原因，搬家也不是一蹴而就，只有经历过艰辛才会珍惜眼前。

看着眼前这一亩三分地被她收拾得整整齐齐、干干净净，再看她孤独的身影，我竟有些同情她了。孤身一个女人独立生活在这个边远的阿拉斯加小镇真不容易！但我对她更多的还是尊重与钦佩。尊重她选择自己独特的生活方式；钦佩她能从悲痛中站起来，勇敢地面对自己的人生。

我先生说"这镇子就七百来人，估计都相互认识。"

秀云笑笑："我或许不知道这里的每个人，但可以肯定所有人都知道我这么一个单身中国女人，卖 Ice

cream 的女人。"

自从老公去世后,她卖了夏威夷的资产彻底住到阿拉斯加了。

为了解闷与生存,她搞了个车卖厅,卖自制的各种口味冰激淋,专为来自世界各地的 Cruise 游客服务,每年夏季就有二百多艘游轮的游客光临镇子。镇上没有人不知道她,这点也得到了我们的证实。杂货店的印第安后裔说,知道她的名字;镇口的工作人员还说每次到她那里买自己爱吃的 Ice cream。言语中对她都有种尊重。

我们发现这里商店的东西比内陆贵几倍,问她如何生活,她说现在大部分网购,货从外面运来,二十五磅以内交二十美金运费即可,一个人也吃不多。有时候邻居出岛主动帮忙带货给她,镇上的渔民也经常有新鲜鱼虾送她,冰柜里塞满了,吃也吃不完,夏季地里的菜也够她一人吃了。这里的居民依然安居乐业,民风朴实,至今还留有互换东西的习俗。

镇子那种自给自足、自生自灭的生存环境,不自觉地保留了某种民俗风情。

征求了她的意见,问她介意不介意写她,她说不介意。她自己平凡的人生哲理总结为一句话:不论生活在哪里,都得努力地活着!希望这句话对读者也是一种鼓励。

最后,她又说了一些大实话:"现在房子出租了一半,夏天生意也不错,生活很惬意,只是寒冷的冬天太漫长寂寞。寒冷阻碍了人们的交流与正常生活,生意停摆,没事干无聊,我常常一个人坐在窗口、一杯热茶看海。为了能让自己不要丧失生活的信心,我每天都坚持出门锻炼,保证自己有一个健康的体魄。"

我们建议她再找个志同道合的伙伴,她说要找个忠诚可靠的人不容易,还不如自己过着舒心。

儿子安家加州,她深知婆媳关系不好处,也不想给孩子们添乱,还不算老,再干几年。

可谓:无敌的景色,无限的寂寞!在这里生活,最大的挑战是冬天的寒冷及情感上的寂寥。她还邀请我们下次来吃她包的韭菜饺子呢。

挥手告别时,秀云的身影消失在阳光下金灿灿的蒲公英里,我觉得她就是一朵顽强的阿拉斯加蒲公英,远山的蒲公英。她不但有顽强的生命力,而且那么热爱生活。不知谁家的窗口放着一首老歌,歌词里这么唱到:

> 不觉之间
> 我们走过夏天的午后
> 背部压上了黑暗
> 在微明中用手摸索着
> 要把每一件事好好干完
> 月亮出来了当然好
> 我再不想在黑暗中迷路

照在海上的一道月光
那是接近神的路

真希望能有志同道合的男士向秀云伸出热情的橄榄枝，驱散她的孤独……

5-27-22 写于阿拉斯加游轮
曾刊登于"世界日报"副刊

老农民

农民，对我来说实在是个不熟悉的职业。十几年前，我们到美国最大的水库华盛顿州库理水库游玩，在回来的路上，看到靠二八三号公路边上有一个很大的招牌，用英文写着"想买蔬菜、水果、鸡蛋的人请往这边走"，文字下面有条粗粗的红色箭头直指右边的土路。

我们的车沿着笔直的小路缓缓开进，打开车窗时，我看到靠右边有一片果林，一股飘香的杏树印入眼帘，满地落着的金黄色果实，陪衬着硕果累累的小树林，是那般美丽。有一些成人在树底下摘着果子，孩子在树之间跑来跑去。

我们在一栋极普通的平房边儿停了下来，有一位留着串脸胡，身高足有六尺二的壮老汉过来迎接我们。他说自己叫威廉姆，是这家农庄的主人，非常欢迎我们到此一游。他指着右手边车库旁边的女人说：

"那位是我的太太南希，我们有鸡蛋、蔬菜、和水果，如果您想自己到林子里摘杏和樱桃也可以，随便吃，想买的话，一磅一美金。"

听着他简单介绍着农场情况，我看到不远处车房边儿有位已经忙得不可开交的，穿着短衫短裤的白发老太太正回头向这边招手。

"这些都是您的林子？"我先生问。

"我和妻子经营这个农场有三十年了，今年水果大丰收，来采摘的人很多，也雇了一些墨西哥工人帮忙，装箱后卖给附近的超市。你看，来不及摘的都熟透，落到地上可惜了！"

威廉姆又指指树林后的白房子说那是他们住的地方。

看着他们太忙，我们不忍心打扰，就带着孩子们到果林里摘杏去了，夕阳洒满了树梢儿……

这个小农庄被果树填得满满的，没有空隙，只有靠车库右边有一片空地，地里种着一行行蔬菜，有西红柿、豆角和辣子，靠边的生菜长得又直又壮，白里透着翠绿，着实可爱。车库的后面有个很大的被围起来的鸡场，里面几十只鸡正"呱呱呱"地叫着。我凑近一看，除了一群中国菜鸡外还有两只笨重的火鸡，一公一母，公的有些色彩，好看一些，还频频展翅飞翔。

这是一个很普通的美国小农庄，与我想象的和一路上看到的农场不同。这里没有辽阔、一望不尽的耕地，没有大型的农业拖拉机、耕作机，只有两辆卡车和一辆美国牌的前半身比较长的旧式轿车。威廉姆夫妇看起来七十多岁，面部被阳光晒成棕红色，身体健壮，他们就是一对典型的美国农民。听他们讲，两个孩子早已离开了这里，住在不同的地方。

那次，我们买了些杏和樱桃就离开了，我便把这里起名"老农民",一是指这对经营农场多年的威廉姆夫妇,二是指这片小农庄。

在以后的日子里,每到丰收季节,我就会不由自主地想到那片蓝天白云下的"老农民"。

五月里樱花浪漫,我们又踏上了那条通往库理水库的二八三公路,义无反顾地又去探访那片小农场。华州东部的气候比较温暖,但果实也还在生长期,我们只想带着那份早年的情结再次拜访老农民。

多么期待着见到老威廉姆呀,当车停下来时有只小黄狗摇着尾巴跑了过来,然而,接待我们的是一位正在种菜的白人妇女。她对我们的探访一脸惊异,因为还不到采摘季节。面前这位身着牛仔裤,白 t-shirt,脚蹬一双棕色长通靴,身高足有一米八的中长发女人,看起来有四十来岁,古铜色的肤色泛着一脸的健康。我们讲明来意,说是想拜访老威廉姆。听到这里,她放下手里的工具用田边的水洗洗手,然后抓起身上汗衫的前襟擦擦,把带着泥的双脚从地里拔出来,开始和我们攀谈。边谈边走……

路边树上的樱桃已经开始发红,右边的杏树林果实累累,但都还是青色的果子,地里的菜还只是小苗子,有一些刚刚买来的菜苗儿还在盆子里等待下种,院子里跑着十几只中国鸡,和我们小时候在自家院子里养的柴鸡一样。母鸡的毛又白又亮,公鸡金色的尾毛骄傲地跷着。后院的老鸡笼里圈着两只又大又壮的火鸡,见有人来,那只公火鸡就像凤凰一样展开自己美丽的翅膀，母鸡白色的羽毛虽然又脏又粗，但也不失其美丽动人。主人说，这只公火鸡见人来也会展示保护母火鸡的欲望，总是站在鸡窝的门口。

一通闲聊，才知老威廉姆三年前将这个农场卖给眼前这位叫Trees的人家，彻底退休了。

"我的名字很好记，我个子高，你们就想到又高又大的树，很多树就是Trees!"她乐呵呵地说。

接着，她用食指照着半空画个圆说，这片土地总共十三亩，后面的白房子自己住，林子有一千棵杏树，其它的果树也没有数过。面前有片儿菜地，还养着十几只鸡，一只小狗。她先生去年得癌症去世了，两个女儿搬进城住了，只剩下她一个人守在这片土地。

"您真能干，一个女人不容易呀！"我啧啧称赞。

"习惯了，我从小跟爷爷在农场里长大，我们家种了一大片核桃树，每到丰收季节，我和爷爷腿上都绑上塑料袋打树上的核桃。"她说话的样子异常激动，充满对农场生活的热情。

"一个人不容易，赶上农忙季节可不得了，加上一些农具如果坏了，你能搞得过来吗？"我充满同情地问。

"没有人相信，我统统搞定，因为都是些我热爱的事情，喜欢做。这些新买的机器和老机器我都自己修，也是跟一位朋友学的。"她自信的样子让我更加崇拜美国妇女，她们的自立远远超过我这个中国女人。

看着她粘着泥巴的笑脸，我对这片土地留下了比原来更深刻的印象，眼前的女人虽然不算老，但以她做农民的资历，也称得上是老农民。一个人住这里似乎有些孤单，我想。

她说一开春就忙，一直忙到秋天，所有的收获养活她自己绰绰有余。两个女儿也不乐意来帮忙，遇到重活，就把朋友们的儿子叫来搭把手就可以了。

临了，Trees 又说，樱桃还有两星期就好，采摘的人群就会挤满农庄，如果不嫌弃，就来吧。她递过来一张名片，希望我们下次再来。

我们离开的时候，她人已经开动了家用犁地机，小黄狗追着我们的车在尘土里跑着。

我知道，在整个美国有无数这样的小农场，又有无数热爱生活的老农民自食其力着。看起来，个人的生命就像这简单的生活一样单纯，它却如此内涵丰富。

05-2010 初稿 刊登于"西华报"
06-2024 修改

翠霞姐

圆脸，一双大眼，四环素牙，头发从中间分开留两条及腰大辫子，辫子上绑两红头绳，经常一脸憨笑。她走起路来毫无遮拦，向前冲似地，有时候还一跳一跳地跑。估计是乡下地方大，惯出来的走路方式。这就是俺翠霞姐，一位在陕西乡下长大的姑娘，我大伯的女儿。

那年，当父亲把翠霞姐从乡下带来我家时，她就像电影里的人物，穿了个花布对襟棉袄，宽松的蓝裤子下袜子是红的，一双单扣黑布鞋。两条又细又长的辫子放在她健壮的肩上，还咧着个大嘴笑，右肩上背了个用粗布织的白兰格子包裹，又大又重。

十岁的我又瘦又小，感觉她背的那包裹比我还沉。好家伙，里面都放些什么东西呢？我在脑子里想象着。

她是做为我家保姆来的，大概是亲戚，既保险又安全，主要任务是照看我刚出生不久的弟弟。

一个十八岁的农村姑娘第一次来西安，住在我爸在我家房子旁边用红砖加盖的小厨房里。放床的地方白天卷起铺盖卷儿放上我爸自己做的大案板，用来擀面条，切菜。那床的高度也是父亲设计好的，一案两用，太巧妙了。那年头，家属院里每家都加建厨房，鸡窝，家里地方实在太小了，几乎每家就一间房子挤着住。家里除了必用的床，柜和桌子，吃饭用的都是可以折叠的小桌，凳子也是我爸自己做的。

七十年代，我家住西一路省歌舞剧院家属院，院子大门离明朝古城墙不远，新城广场走几分钟就到，全城最高的毛主席雕塑就矗立在那里。

我印象最深的是翠霞姐的那双不屑一顾的眼光，那天她看着自己即将睡觉的地方对我说："俺家的鸡窝也比这厨房大，你们城里的房子咋这么一点儿大？"

我也是第一次见她，由于还很陌生，我没回答她的问话，用白眼翻翻她。再说我也不知道她家的鸡窝到底有多大。

晚上我看着她打开那个蓝白粗布大包裹，里面除了几件衣裤外还有红头绳儿、木梳子、五颜六色的线团、顶针儿、没完工的鞋底子、一盒针、一块儿深色的中间凹进去的长石头、一只破边儿搪瓷盆子。

我站在她身边，挤着她强健的身板儿有种安全感。从她胳膊底下伸进去我的头，用小手抓住那个大石头问："石头砖是干什么用的？"

她低下头看看我说："你咋连这都不知道，这是枕头。"

我哈哈大笑，到外面叫来妹妹看这稀奇之物。这也是我第一次见到的石头枕头，那是块儿中间薄两边厚的灰色石枕头。"那玩意儿枕在头上会把头枕出个大包。"我对妹妹一边认真讲着,一面绕到翠霞姐后面看她的后脑勺,结果她后脑勺并没有大包,却睡得平平扁扁地。我努力点起脚摸摸翠霞姐的头,觉得她的头比我们还扁平。

从此以后,翠霞姐在我家的大部分时间就是抱着我弟弟在院子乱转,一边走一边晃,只要不让他哭就行,喂奶换洗尿布当然也是她的任务。

我家房子后面有棵大皂角树,秋风一刮呼啦啦乱响,黑色皂角噼里啪啦地砸在房顶再滑到院子,把翠霞姐吓地抱住娃就往房子里钻。我和妹妹笑她胆子小,还抢着到院子里捡大皂角回家砸烂洗衣服洗头发。以后翠霞姐也学我们的样子,她那两条细辫子洗得又光又滑。

我和妹妹除了上学和照看家里养的三只母鸡,收一收鸡窝里的鸡蛋外,回家就和院子里的孩子们在大院疯跑,像两只快乐的小鸟一样。

弟弟睡的时候翠霞姐还帮着家里做饭。她最会擀面条儿,她那面条儿擀得又大又圆,用擀杖儿挡在面片儿上剺面条,而不是切面,从左到右,一刀一刀又直又齐地拉,简直神了。

每次她做饭时,我都刚放学,站在旁边看她擀面。她那两条辫子随着擀杖前后晃,两只手握住擀杖儿,向前擀两下然后退一步。擀面条也是西安人的基本工,我从她那里也看会了。

由于在农村干活的缘故，她的身躯比城里同龄女孩子健壮，我还没有发育的身材在她面前显得瘦小。每天早上她帮我们姐妹俩梳头绑辫子，到晚上用她那粗壮的手给我们洗脚，还笑话我们瘦得像猴。我俩也偷看她破衬衣下的又大又圆的胸脯，似懂非懂地嬉笑打闹。

那年夏天，翠霞姐做了件惊天动地的事情。下午六点多我家吃晚饭的时候，她先吃过后就抱着我弟出门转悠去了。

天都快黑了还不见她回家，我们满院子找她，挨家挨户问有没有看见抱着娃的翠霞来串门？都说没见。父亲急地扯着浑厚的男中音"翠霞 翠霞"地满院子喊着，我妈像疯了一样冲出大院到街上去寻。

我爸不停地喊几声名字，又自言自语道："这女子到哪儿去了也不说一声，把人都快急死了，娃也该吃奶了，这个傻翠霞！"

看着我爸满头是汗地乱跑，我也开始急了。如果翠霞姐抱着弟弟一起真走丢了就完了，如果再被人贩子骗了卖了就更完蛋了。我突然想起自己七岁的时候在菜场被一个老头差点儿拐走的事情，感觉翠霞姐一定被骗子拐跑了，顿时就慌了神儿！

她如果被骗了，一拐就是两个人，不仅我家会陷入痛苦深渊，我大伯也会来我家要人，交不出人我父母都会崩溃了。

一想到这里，我拉着妹妹就跑到西一路的路口，新城广场去找，路灯下连个人影儿都没有。邻居老王伯伯骑着自行车到西大街去寻，老丁伯伯骑自行车往东大街去了。我妈一个人也不知道奔向哪里去找了，她比谁都急，儿子是她的心尖尖呀。

会不会翠霞姐想家了，就抱着弟弟回老家了？一想也不对，她那么老实巴交，平常叫干啥就干啥，而且对我父母言听计从，也很尊重，对我们小的也很爱护。再说我们全家对她也不错，新衣服新鞋都买给她。这么实在的人不可能做这种不告而别的事情。我还只有十岁，就想得很多，想得头都痛了。

妹妹也要哭出声的样子跟在我身后，她小声地说："我们就快没有弟弟了！"

那时候人都老实，既使没网络和电话，也没有想到去报警，就只有发动全院子十几家人外出寻找他们。

都深夜一点了，我和院子里几个女孩子手拉着手，站成一排横着在马路中间一边走一边喊："翠霞姐，翠霞姐！"

我们一大群碎娃兵分两路，从东大街找到西大街，又从南大街找到北大街，几个小时过去了，空荡荡的街道一个人影都没有。那时候西安城墙内老城区也不大，都找遍了。

不知道谁说了一句："这次真完了，西安市区翻了个底朝天也没见人影，估计得找警察帮忙了！"听到这话我哭了，心想，我弟真失踪了，再也见不到他了。

我父母心里一定会想，一个大人抱着孩子不会丢到哪里去，再说她是家里的亲戚，也不会抱着娃偷跑了。他们满怀希望地往好处想。

过了凌晨两点，大家都精疲力尽地回家了，我们也只好呆家守着，如果她再不回来，准备天一亮就报警。

直到晚上三点多钟，邻居丁伯伯带回了抱着孩子的翠霞姐闯进了我们的视线。面前的翠霞已经哭成了个泪人，脸上身上都脏兮兮，而我弟弟则睡得像个小猪，在她怀里被紧紧地搂着。

我妈急坏了，二话没说夺过孩子，激动的泪水夺眶而出，赶紧给弟弟喂奶。

只听丁伯伯说，翠霞抱着孩子逛平安商场去了，估计从商场北门进去，从东门出来，径直向小东门外去了，绕丢了，也找不到家，也不会向人问路，看见她时还傻往前走。

就这样她带着娃丢了整整快十个小时，急死我们全家，吓坏全院子的邻居。

丁伯伯说，她多亏没有遇到坏人，被劫财劫人，或拐卖到外地。我打心眼里感激丁伯伯，觉得还是他聪明，是我们家的大恩人。

那是七十年代的中国，贫富差距还不大，社会治安相对良好。如果放到现在，说不定会遇到人贩子，就翠霞姐那老实劲儿，恐怕连大人带孩子一起就被骗走贩卖了。想想如今报纸新闻里铺天盖地的那些耸人听闻的拐骗妇女儿童事件就有些后怕！

发生这种事后，我父亲认为翠霞姐脑子不好使，也就不允许她一个人抱孩子乱逛，只能在院子里走走。

实际上她不傻，只是没见过世面，人也老实，第一次进城走丢也不奇怪。

那年国庆节，她回家探亲，我爸送她到了车站就回来了，可没有两个时辰她也回来，身后还跟了个姑娘。一问，原来是班车取消，今天走不了了，那不认识的姑娘也回不了咸阳，又记不清自己亲戚家的地址，就跟来过个夜。我心想这回她不傻，还找回到了我家。

她除了看孩子，还有功夫衲鞋底做鞋，还往枕套上绣花，一问，说是准备自己的嫁妆。问婆家是哪里人，她脸一红说还不知道。

翠霞姐比我大得多，又成长在不同环境，虽然我们语言上没有更多交流，可毕竟一起生活了一年。一年后她被她大（父亲）说亲，要回老家嫁人，临别的时候我们还是依依不舍。

以后她嫁到哪个村，哪个男人我一概不知，因为伯父早已去世，我们也失去了联系。在西安的时候，我还一直问父亲，并提醒已成年的弟弟去找找翠霞姐，当面感激她当年的照顾之恩。

直到十几年后我爸才有提到她，说她一口气生了三个儿子，用第三个儿子和别人换了个女子，指望老了有女子照顾。

以后两个儿子结婚分家单过。女子跟着朋友到县城打工，认识个甘肃来的打工仔，就嫁到又穷又远的甘肃了，穷得连家也回不起。翠霞姐有一次对我爸说："女子白换了，还搭进去个儿子"我看，这次她是真傻了。

我出国多年，每次回国都来去匆匆，也没有机会去看望翠霞姐。想起小时候发生的事情，我也想念她，希望她有个幸福快乐的生活。

做为一名普通的农家女子，她朴实，敦厚的人格给我留下深刻印象，在此我只好用文字的方式在记忆里寻找翠霞姐，以表达对她的想念之情。

初稿 12-2010，
刊登于 09-2024 "世界日报"上下古今版

走入纽芬兰与爱德华王子岛

晨光初照,我们的房车犹如一叶陆地帆船,载着对未知世界的向往,离开了西雅图。轮胎轻吟,穿越山峦与河流,掠过都市与乡村,一路向东,朝着加拿大东部的纽芬兰岛驶去。

一、轮渡与灯塔

自加拿大北悉尼港,携车登上轮渡,要经过六个多小时的颠簸航程,方才抵达纽芬兰岛。船舱内,疲惫的旅人们裹着毯子,横卧在走道里休息,窗外则是无尽的黑夜,海浪不断撞击着船舷。查看资料,纽芬兰岛位于北美最东端,英文原意"新发现的陆地",是世界上第十六大岛。百年以前,这里是全球知名的鳕鱼交易中心,岛上居民世世代代以捕鱼为生。

黎明悄然而至,当我的一只脚刚踏上纽芬兰岛的那一刻,远方的红日从海面上冉冉升起。我被这壮丽的景象深深吸引,内心涌动着一种无法抑制的冲动,真想面对大海高声呐喊:"我来了,纽芬兰。"

蓝色的海水在日出的照耀下泛着金光,那一刻,天地仿佛凝固在这片辉煌的晨曦中,海天一色。

过关时,海关人员将我们仅剩的几只土豆丢进了垃圾桶,说那是违禁之物。脚下的泥土、车轮上的尘埃,都要被刷得一干二净,规矩让人惊叹。其实,这些严格的规定仿佛也为这座孤悬大海的岛屿披上了一层神秘的外衣，像是要让每个踏入者感受到它的独特与庄重。

岛上，晨光映照下的彩色房屋像一帧帧生动的油画，在微风中轻轻舞动。驶离轮渡，我们的车沿着蜿蜒的小路前行，前方的白色灯塔静静伫立，像一个古老的守护者，指引着我们驶向未知。岛上有着无数的灯塔，这些灯塔曾经是指引渔船的灯火，如今成为了纽芬兰岛悠久海洋历史的象征。

每年春季到初夏，纽芬兰东侧的海岸沿线经常能看到从北方格陵兰区域漂来的冰山。说出来你可能不信，当年撞沉泰坦尼克号的冰山据说就是从纽芬兰这边漂过去的。事实上，纽芬兰最东南端的 Cape Race 灯塔当时还收到了来自泰坦尼克号的无线电求援信号。

二、华人与春节

在岛上，我们看到一家华人开的小杂货铺，夫妻俩还坚守着微薄的祖业，以此为生。一九零七年二月二十八日，纽芬兰地方媒体《先驱晚报》（Evening Herald）刊出一则《今日是中国农历新年》的新闻报道："今天是中国新年的第一天。对于这些中国人来说，至少需要三天才能摆脱去年，进入新年。"

一九零四年，纽芬兰议员豪利（W.R.Howley）提出"排华法案"，并于一九零六年四月三十日在纽芬兰众议院表决通过。受这一法案及纽芬兰地区普遍存在的反华排华思潮影响,导致纽芬兰的华人春节庆祝活动,呈现出与中国传统春节元素,或与华人大量聚居的北美中心城市不同的特点。

在美国旧金山等地,华人庆祝春节的诸多活动,多以家庭和社区为中心。纽芬兰的华人春节活动,则以社区领袖为主导、全社区共同参与的庆祝和组织方式,庆祝活动除在家庭中举行外,人们主要聚集在社团会馆,如集美社或同乡会中,举行一些简单的春节庆祝活动,如吃饭、打麻将等。

直到一九四七年,加拿大加入联合国,签署《人权公约》,废除了长期施行的排华法案。

三、渔业与百事可乐

一百年前,纽芬兰岛曾是渔业的乐土,一片充满活力的繁荣景象。岛上的渔民依靠丰富的鳕鱼资源维生,每一户人家都在这片海洋的恩赐下过着富足的生活。然而,随着时间的流逝,早期商业殖民的贪婪和环境的持续破坏,使得这片曾经繁华的岛屿变得沉寂,昔日的辉煌如同风中摇曳的残烛,最终消逝无踪。确切地说,这个一九九二年禁渔令(Cod Moratorium)只禁止了鳕鱼捕捞,并没有禁止其他鱼类捕捞。鳕鱼捕捞是当时纽芬兰的支柱产业,占所有渔业收入的一半。由于过渡捕捞,海里的鳕鱼数量大幅下降,加拿大政府不得不颁布禁令停止捕捞。一石激起千层浪,很多鳕鱼渔民因此没了生计,很多人转而去捕捞其他鱼类和贝类,这也是为什么如今龙虾雪蟹这些海鲜在纽芬兰成了主要的渔获。另外也有很多年轻人干脆离开了这里，去别的地方谋生。

最令人感兴趣的是在纽芬兰流传着关于可口可乐的故事。在绝大部分的饭店和超市，你只能看到百事可乐旗下的汽水，而可口可乐几乎绝迹。甚至，很多小店门口都摆着非常明显的百事可乐标志，仿佛是百事可乐赞助的广告似的，这背后有些历史的原因。

可口可乐并非从来没有在岛上出现过。事实上，在一九九零年代之前，可口可乐在岛上还有一个瓶装厂，供应本地的货源。到了一九九二年左右，由于工会劳资纠纷和其他一些众说纷纭的原因，可口可乐关闭了这家瓶装厂，而纽芬兰的岛民因此也记上了仇，全都转而支持百事可乐系的产品，尤其是百事可乐如今依然在岛上还有一家瓶装厂（位于 Browning-Harvey）。

真有意思，在全世界大部分地区被可口可乐统治的今天，在加拿大东边一座遥远的海岛上，人们还在因为历史的原因而坚持着对可口可乐的抵制，以至于百事可乐系在这座岛上一骑绝尘。

四、自然风光与野生动物

我们驱车在岛上漫游，沿着曲折的小路，不时地停下来欣赏风景。整个纽芬兰岛地域开阔，海岸、沙滩、森林、山川、湖泊、河谷、平原、悬崖，还有冰山，构成了岛屿的整个风貌。格罗斯莫恩国家公园是世界地质公园之一，拥有壮观的海岸线、巍峨的山脉和神秘的湖泊，独特的地质现象和珍稀的野生动物让人赏心悦目。还有圣安东尼-维京人遗址，克伦威尔-圣玛丽角鸟岛自然保护区，渔村-冰山啤酒厂更是让人流连忘返，有人说："旅行不去纽芬兰，踏遍北美也枉然！"

纽芬兰岛与北美大陆的隔绝，加之是一座高纬度的海岛，陆地动物要迁徙过来并不容易——要么渡过寒冷湍急的海水，要么在海水结冰时冒着严寒上岛。没有多少动物能够在这两种情况下成功上岸，像蛇这样的冷血爬行动物就无法做到。有人猜测郊狼(coyote)出现在岛上可能就是因为最早有几只在冰上追猎海豹的时候乘着浮冰漂到岛上的。除了这种情况，还有一部分动物是人为引进的。现在遍布全岛的驼鹿(moose)就是在一九零四年人为引入的，当初一共引进了四头驼鹿，如今岛上估计有超过十万头，全是这四头的后代，也造就了沿途无数个"小心驼鹿"的路牌。

在岛上旅行，能深深感受到渔业和水手文化在整个岛上的风行。酒吧里处处能听到的水手民谣（sea shanty），酒店里到处摆放的水手装饰，以及随处可见的港口渔船，别有一番滋味。

五、《绿山墙的安妮》与王子岛

离开纽芬兰，我们前往另一片宁静的天地——爱德华王子岛。这座岛屿因《绿山墙的安妮》而闻名遐迩，作者蒙哥马利的笔触将其描绘得如诗如画。

绿山墙农舍的原型可能是蒙哥马利表亲的房屋，这本书的影响力使得绿山墙成为了一个热门的旅行景点，每年吸引大量游客前来参观。书中的安妮以她那天真无邪的语言，细数着这片土地的种种美好。如今，当我踏足这片由红色沙滩和翠绿小屋编织而成的岛屿，我仿佛穿越时空，步入了一个古老的童话世界，深深感受到了一种未经雕饰的纯净之美。

穿越晨雾的帷幕，我们驶过了壮观的加拿大联邦大桥，它宛如一条巨龙，静静地卧在大西洋的汹涌波涛之上。桥的入口处，渔业加工厂星罗棋布，而那些在此辛勤劳作的工人，大多数是远渡重洋的菲律宾人。他们的存在，为这座看似宁静的岛屿平添了一抹生动的异国情调。

六、海瑟花园的温馨

行驶在岛上狭长的道路上，雨丝如烟，轻轻地洒落在车窗上。九月的凉意穿透了初秋的温暖，我不禁打了个寒颤。丈夫突然开口："我们得找个地方加水了。"

我不以为然，笑道："这么多海，水还不够？"可当我们沿着公路行驶了半小时，依然没有找到加淡水的地方，困倦开始在我的身体里蔓延。忽然，车子急刹，一个花园出现在眼前。丈夫眼前一亮："有希望了，快看！一个老太太正在浇花。"

眼前的花园，仿佛从雨雾中绽放出来。橘色的野菊花骄傲地挺立，像是在迎接我们。我拉下车窗，看见那位穿着白色体恤衫、白发苍苍的洋人老太太正握着水管，悠然地给她的花儿们洒水，尽管天空仍飘着细雨。

"Hi, welcome!"见我们的车开过来，她的笑容如阳光般温暖。我下车与她交谈，称赞着这片花园的美丽与生机。她的脸上洋溢着骄傲与满足，这位老人指着自家的一栋灰色house说，她与丈夫退休后便在此安家，这座花园是她亲手打理的心血。再细谈下去，才知道这片花园竟是她义务为政府管理的土地，种这么多花是纯粹让路过这里的游客感受加拿大的风光。

她还告诉我们，岛上冬天的寒冷足以让花园里的植物暂时枯萎，但到了春天，它们又会奇迹般地复苏，重新绽放出缤纷的花朵。"每年三月底，你们再来时，简直美不胜收。"她笑着说道，眼神里流露出对这片土地的无限热爱。

望着这里的风景让我想起加拿大女作家爱丽丝·门罗的作品中所描写的家庭世界，便有些激动。

我们与她聊了许久，她告诉我每逢冬季他们就飞到温哥华女儿家住住。当我询问是否能为我们的车加些水时，她欣然答应，转身小跑到后院为我们开了水阀。她那份热情与善意如涓涓细流，渗透进我们的心田。

离别时我们留了联系方式，她叫海瑟(Heather)。

那一天，海瑟的花园成了我们心中的精神家园，它不仅仅是一个美丽的地方，更是一片充满温暖与善意的净土。

回到家后，我寄去了一张感谢卡，传递着我们心中那份微妙而持久的感激。

在这次旅行中，我们不仅领略了纽芬兰岛的壮丽自然风光和丰富的文化历史，还在爱德华王子岛上感受到了《绿山墙的安妮》带来的童话般的魅力。海瑟花园的温馨，以及沿途遇到的热心人们，都让这次旅程充满了难忘的回忆。

11-2019

寻访上海国际饭店

从我们住的上海万豪酒店出来，没走多远便寻到那著名的蓝色"黄河路"路标。我仰头发愣，花裙子在微风里轻轻飘动，心潮起伏，仿佛一切都在述说着旧时光的故事。

在黄河路上，每走一步、每望一眼，所有的事物都散发着弄堂里的气息，不知为何，此刻的我竟有些得意忘形。透过黑色铁栅栏望进弄堂，两边灰色不高的老房子，杂七杂八地伸出一些晾衣杆，杆子上挂着五颜六色的衣物，大到被单、小到裤头，随风摇曳，仿佛万国旗。阳光洒下，地上飘落的几件零散衣物静静趴在那儿，恰如一幅生活的画卷，自然且从容，映射着市井小民的安逸与和谐。

栅栏外的小凳子上，坐着两位身着体恤衫、踩着塑料拖鞋的男子，正在聊天，语言却是北方话。看来，这街景闹市里早已住满了租户，老房子被本地人隔成小间，挣着高额租金，收租金后转身到郊区高楼享福。每一栋老房子里，或许都住着几十个来沪打工的"乡吾宁"。

不宽的街道两旁，汽车自行车停得还算乖巧，留给行人走路的地方曲里拐弯。我们穿行在路边，脚下坑坑洼洼，像是踩着岁月的印记。拨开搭在绳头上的被单，有些已经飘到地上，还粘着浮尘。右边围墙里的中学生们正在进行投篮比赛，呼喊声此起彼伏，生气勃勃。此刻，我不禁羡慕上海政府还保留着这些老房子，觉得这便是一种财富。

有几家本帮菜的餐馆开着小小的门脸儿，透过玻璃窗望去，干净而温馨。东北面馆也在这里挤热闹，显得格格不入。我指着一家餐厅对我先生说："等会儿我们就来这里吃晚饭。"他淡淡一笑："这就对了，来上海就要吃上海菜！"作为上海人的后代，他对这座城市的热爱跃然于言表，仿佛身上流淌着黄浦江的波涛。

沿途几家窄窄的家庭服装店从我身边溜过，橱窗里被主人用心摆弄过，时尚而精致，透出欧式风格，令人眼前一亮。我们一路走到黄河路的尽头，便到了熙熙攘攘的南京路。穿过饭店的侧门，只见很多老上海人正排队购买上海糕点，热闹非凡，散发着浓厚的人情味。南京西路一百七十号的国际饭店正门巍然屹立，宛如时光的见证者。它的威严与妩媚难以用言语形容，唯有"儒雅"二字恰如其分，竟让我想起自己喜爱的美国演员派克。

国际饭店已有近百年历史，作为上海外滩历史建筑风景线上的标志性建筑，它更是这座城市的"名片"。大楼为装饰艺术派风格，钢架结构帆船型摩天建筑，举世无双，仿佛是海上巨轮在黄浦江边静静伫立。说到能代表上海的老建筑，国际饭店绝对值得一提。二十四层楼，总高度八十三点八米，曾被誉为"远东第一高楼"，是当时亚洲的高度，俯瞰星辰，仿佛触手可及。

据说，许多人曾因仰视它而不慎掉下帽子。如今，即使在城市中心，林立的高楼中，国际饭店依旧保持着它独特的风貌。作为当时亚洲最先进的酒店，它也是上海最久的饭店之一，二零一六年更入选"首批中国二十世纪建筑遗产"名录。匈牙利建筑师拉斯洛·邬达克是这栋辉煌建筑的设计者，他在上海建筑史上留下了不可磨灭的印记。

如今，饭店对游客开放，我从美国西雅图千里迢迢而来，慕名而至。拾阶而上，轻轻推开厚重的双开门，仿佛走入了电影中的辉煌场景。前台没几个人忙碌，一两个洋人若无其事地坐在陈旧的老皮沙发上，悠然喝着咖啡。一名上了年纪的老门卫，分头发型，鬓发斑白，彬彬有礼地做着导游的手势，笑脸相迎。他那浓重的上海话仿佛一缕暖风，融化了前面几位当地人的距离感，更深入到我们这些外乡人心里，瞬间欢声笑语交汇，犹如家常聚会般温馨。

我们径直往里走，左面映入眼帘的是一所夺目耀眼的圆形小客厅，脚下的半圆形地毯包边儿台阶引导着我，映衬着咖啡色的木质地板，右上角是一道优雅的圆形扶手转角楼梯，蜿蜒而上，仿佛引领着我走向那段黄金岁月。厅里有张盖着白色镂空印花桌布的长方形小桌，旁边是一把咖啡色的老皮座椅，座椅前方则是个圆茶几，上面插着一瓶绿色假橄榄枝，左边是个小立柜，柜上静静摆着一架老式铜喇叭唱机，墙上依次贴着几张名人照片，那周璇的笑容仿佛从唱机里飘出，绕梁三日，令人心醉，仿佛听见她轻声吟唱的旋律，荡涤着心灵。

扶着近百年历史的扶手，我小心翼翼地走上旋转楼梯，仿佛听得到脚下木头的咯吱声，脑海中闪现出电视剧"繁花"的镜头。在我眼里，"繁花"不仅是电视剧，更是艺术品，人物个个皆是艺术的化身。它以演员的演技为骨，再加上导演的精妙演绎，融合上海独特的地域文化，成就了一股文化热潮。

我脚踏在饭店的转角楼梯，凝视着当年那些名人雅士的照片，周璇、宋美龄、梅兰芳、陈香梅等，无不散发着一股婉约的文化气息，令人不由自主地拜倒在他们的文化石榴裙下，膜拜之心油然而生！中国三十年代的文化气质正是因他们而愈加璀璨，没有他们，国际饭店的光彩也会相形见绌。幸而，文化大革命没有将这座饭店革去，这无疑是一种幸运。

三十年代，这里可是远东地区最豪华的酒店，能够在此社交应酬，乃是身份与地位的象征。那个年代的上海名媛绅士，深受西方文化的浸润，膜拜豪华。我们在此驻足，也是与历史对话，感知文化的魅力。踏着已然陈旧却被擦得锃亮的地板走出饭店，脚下的楼梯似乎也在向我诉说历史的辉煌。

过了马路，我隔着流动的车辆与人群回眸一望，那巍峨的国际饭店大楼仿佛在向我微笑。心中有种释怀的满足，终究是这般声望的建筑，若不来一睹，定会留有遗憾。

望着国际饭店侧门外长长的排队队伍，买着上海糕点的人群，我对自己轻声说道："Park Hotel，我来过了。"

09-2024

宛转迷人下马陵

逛下马陵早市能逛得灵魂出窍。

春暖花开的早上，我们三个女人叽叽咋咋地行走在西安环城公园的河堤边，沿着翠绿的护城河一边喂着鸭子，一边聊着小时候在一起生活的事情。从护城河沿着十几级楼梯小跑上去就是绿树成荫的环城公园主道，再往上爬几十个阶梯便是一眼望不到头儿的古城墙顶端。这三层的环城公园已经被晨练的人所占领，打拳，做操，跑步，练嗓子，靠树，打乒乓球，背圣经，干什么的都有。

回国一个月，我们几乎每天都用十分钟走到环城公园晨练，在回来的路上顺便逛一逛古城墙脚下的下马陵早市。

"下马陵"这个地名有着不平凡的来历。西汉著名儒学家董仲舒墓位于西安南城墙和平门内以西六百米处马道以北。唐代、明代修城，此墓皆得保存于城内，官吏军民至此下马，以示崇敬，故称"下马陵"。随后，这种行为被官员和儒生效仿，形成了一种制度，即所有经过此地的人，无论官职大小，都需要在距离墓地三十丈的地方下马步行。此外，由于陕西方言中"下马"与"蛤蟆"谐音，下马陵也被称为蛤蟆陵。

"君子不隐其短，不知则问，不能则学"就是董公的名言之一。一边想着这段故事一边走进和平门洞。

顺着古城墙根儿打眼一望，只见早市人声鼎沸，熙熙攘攘。半里长街几百个摊位卖什么的都有，新鲜蔬果，衣服鞋帽，熟食干货，花卉盆景，豆品鱼肉，甚至还有活羊鲜奶。

一股子香气飘来，卖香椿的台子后面站着一位姑娘，想起在西雅图家里前院子种的那几棵小香椿树，我问她："这么多香椿哪里摘的，还是自家种植的？"她红彤彤的脸笑得像朵桃花，毫不羞涩，声音洪亮地回答："俺全家用一个下午在南山摘的，都是野生。"

香椿炒蛋亦是百姓家里春天的精贵菜，没成想在这里得来全不费功夫。母亲还是喜欢把香椿用开水燥过，切碎拌麻油吃，才是原汁原味儿。我毫不犹豫地买了十把。

蒜苔是我最爱吃的菜，物以稀为贵，在美国一磅五美金还质量不好，这里两三元一斤，还长得青翠光滑粗壮，美得让你看着不忍心切断。蒜苔炒肉丝，再抓把木耳，便是我最喜欢的菜咯。

最有意思的是，那宝塔似的青笋在美国贵得要命，我每次都舍不得买，但在这里却无人问津。青笋片开水燥过炒里脊肉片，再勾点儿芡，就是地道南方菜，可这里是西安，人们中意的是油泼辣子biangbiang面，最多抓把青菜丢到锅里。

一路顺着街溜边儿走，映入眼帘的是早餐摊儿，粳糕，油条，热粉儿，胡辣汤，豆腐脑儿，绿豆糕，油饼，葱油饼应有尽有，这些曾经都是我在海外几十年的日夜梦想，然而自年过半百后就只能眼大口小，蜻蜓点水。

那干货摊子也让人流连忘返，在西雅图中国超市里买一点点木耳、黄花菜都贵，这里便宜得没法儿说，不带些回西雅图就觉得对不起自己。

走到地摊儿区，有专卖上衣，裤子，鞋子的，我们三个在挂衣服的架子上迅速翻看，没啥收获，瞧见旁边一个铺着黑色油布的地摊摆满了各种头饰梳子发卡，便被吸引过去。妹妹看上一副发夹，就让摊主拿，可摊主蹲在地上打着手语，旁边卖锅碗瓢勺的胖大妈赶紧过来帮忙，说摊主又哑又聋，每天在康复路批发些货，在早市摆个地摊儿赚些菜钱。一听这，妹妹也不讲价了，拿了两只，丢下多余的钱走了。想着聋哑人与正常人抢人生实则不易。

沿路上又遇到几个剃头担子，就一把木凳当中放，顾客往那儿随便一坐，围了毛巾三下两除二，就剃了头，不洗不刮，要价五元人民币，连一美元都不到。净是些退休的老理发师，闲着也是闲着。这也是父亲常来理发的地方，发型剪得并不差。想想西雅图理个男发得三十美金，不比不知道，一比吓一跳。

出了拥挤的早市，在路边竟遇到一个三轮小棚卡车，听到咩咩的几声羊叫，就见七八只白生生的活羊挤在车里，个个膘肥体壮，那奶子胀得流奶，母羊们眼中流露出焦虑的神情儿。

我凑过去以为是卖母羊的，见一老汉领着两位妇女走过来，就动手开始挤羊奶，一瓶瓶地挤，满了就往女人手里的罐子里面倒，灌满为止。一问一斤八元，老汉还说，羊奶不但干净还是热的，随时随地就可以喝，我惊呆了！活了大半辈子，还是第一次见人把活羊拉到市场挤奶卖。

老汉长安以西郭杜镇人，孩子已成家，平时在家也没事干，地都包出去了，就靠养几只母羊一只公羊下羊崽儿卖羊奶为生。

"有人买吗？"

"不下雨就有人买，新鲜又养人，有固定客户。羊奶比牛奶好呢，羊奶养颜，增强免疫力，含维他命C多过牛奶。"

老汉的宣传广告词听得我瞠目结舌，好一个市场营销呀！

回头望望身后的下马陵早市真有些恋恋不舍，突然想起宋代诗人晁说之的一句诗：须臾变物止樊蝇，宛转迷人下马陵。便摘取后半句用做标题，有些意思。

06-2023

人生拼桌

公主号游轮离开南开普敦港，沿着泰坦尼克号曾经驶出的海湾向相反方向乘风破浪，夕阳挂在海岸线上像一只黄灿灿的橘子。几千乘客欢歌笑语。

今天是"正式"晚宴日，人们衣冠楚楚地走进餐厅。因没有订位，便与三对夫妻及一位女士拼桌晚餐。悲喜交加。

九人依次落座。白色台布、蜡烛、法国面包、黄油、餐盘刀叉各就各位。大家点头问候，自我介绍。对面的威廉姆夫妇及右边的泰瑞夫妇来自加拿大中部，左边的费姆夫妇来自底特律，斜对面的粉红女郎来自纽约。

加拿大那两对儿已经忍不住聊得热火朝天。

费姆太太金发碧眼，黄裙配红唇，虽脖颈皱纹显而易见，可看得出年轻时是个美人；费姆精神抖擞，一口俄式英文。我先生一提到俄乌战争，费姆夫妇热泪盈眶，说厌恶战争，目前父母不能来美探亲，与他们通电话时也不敢多说，生怕亲人在俄受到牵连。不禁让人心酸悲凉！

泰瑞太太生得小巧，短直发配双能说会道的眼睛正在手舞足蹈，说这次是为庆祝结婚五十周年上了游轮，长脸泰瑞则闷坐聆听。

威廉姆太太细眉一扬快人快语："我们庆祝三周年，我两原住同一栋公寓上下楼，原配都已过世，所以……"。

"电梯之恋"我打趣。泰瑞太太接话："电梯一定很忙！"哈哈哈。

威廉姆老头儿银发右分，白衬衫黑领结，神采奕奕，老家苏格兰。他太太说自己十一岁随父母从苏格兰移民加拿大。如今两人重返故乡，感慨万分。

有人提议讲些趣事，威廉姆太太首当其冲像要揭老伴儿"家丑"般跃跃欲试："威廉姆与原配有三个孩子，十六个孙子，其中大儿子就生了十三个"引来大家一阵嘘声。一听到这里，威廉姆马上纠正说："是儿媳妇生的，不是我儿子！"笑声四起。

威廉姆又说："那些年，每当大儿子说要在晚餐时宣布一个好消息，儿子妈就向我翻白眼，生怕听到儿媳妇再怀孕的消息，结果一听就听了十三次。"哄堂大笑。

有人问老头儿是否记着十六位孙子的名字，他竟然扳着手指当场一一报名，直到最后三个含糊其辞。

我说："真感觉对不起那最后三个孩子"人们大笑。

粉红女郎Rose，身着粉色套装，褐色短卷发，闰白的面色衬著一双蓝色眼睛,她一边将黑色餐巾布仔细铺在胸前,用指尖将其一角塞到领口,一边说想去老家英格兰格拉斯哥看看,七十五年前从那里出嫁后一直未回去过,如今九十一岁非回去一趟不可!没人相信眼前的她已年过九十,又是一声"哇"。

我又打趣到:"估计您瞒天过海,背着儿女偷跑出来,又巧妙躲过轮船公司查验年龄,独自一人上船。"听完大家啧啧称赞她保养得好。

可谓人生拼桌,五味杂陈。

07-11-2024
"世界日报"家园版

放风

　　飞去朋友住的城市拉斯维加斯，她穿着我认识的黑底印花连衣裙来接机，肩上挎只旧包包，脚踩半旧高跟鞋，依然长发高束，一扭一扭地朝我走来。几年不见，装束几乎没变。

　　一路上，她一边开车一边嘻嘻哈哈，诙谐幽默，引得我们开怀大笑。她说，我们拉斯维加斯，一年四季就不知道下雨是什么滋味儿，前几天破天荒下了场瓢泼大雨，可把大家乐坏了，可这路也不叫路了，改叫河；车也不叫车了，改叫船。政府没有修下水道，司机不会用刮雨器，你说这神奇不神奇？

　　我从西雅图来，下雨是司空见惯的，听朋友这么一讲，肚子都笑痛了！

　　这一路欢笑，到了一家中餐馆门前，她母亲和孩子早候在那里，两家人寒暄就座，无不热闹。伯母介绍说，这里叫的是粤菜馆，可老板是天津人，所以菜味儿便南北混搭，但还是偏些北方口味。名不符实，对老美来说没感觉，中国人一吃就知道了。

　　她说得眉飞色舞，几乎吃遍了城里所有的中餐馆。朋友自从父亲过世后为了给母亲驱除寂寞，每个周末带她出来吃馆子，算是解闷。

　　以前在北京，自家的老房子住着，老太太老爷子出双入对，甚是幸福，突然那个冬日，老爷子心脏病发作，撇下老伴儿归天而去，可苦了朋友的妈妈。

她就这一个女儿，只好被接到美国。北京的老房子也卖了，断了念想，从此死心塌地跟着女儿。照顾混血孙女，也就成了老太太的精神寄托。

老人家平时住在郊区女儿的大 house 里，白天女儿女婿一上班，孙女去上学，她也没个说话的人。不会开车就等于没腿，憋屈得要命，就盼着女儿周末带自己出门下个馆子，跟人唠唠嗑儿，透透气，还管这叫放风。

伯母是个开朗人，老板娘迎出来，两人一下子打成一片。

老板娘一只手搭在伯母的肩头："欢迎光临！太谢谢您了大妈，上次托您的吉言，我这肚里的孩子就是个男孩儿！您怎么就火眼金睛呢！"她挺着个肚子还从口袋里掏出一长溜儿 B 超照片让满桌子人看。

"我这多不容易呀，眼看奔五十岁的人了，临了还得个儿子，我那先生就是想要个男孩！"老板娘乐得眉开眼笑。

菜吃了一轮了话还没聊完，两人站在桌旁依依不舍，唠叨不停。

老板娘临走前又抱抱伯母说："大妈，干脆我认您做干妈吧,您这人太好了,我们俩太有缘了!"

伯母已是心花怒放:"好呀好呀!我这岁数当你干妈没问题!就是我还不知道您叫什么名字?"

我朋友插话了:"妈,您这不是耽误人家做生意嘛,竟忙活您一个人儿了!"

我在一旁看着这久违了的中国式寒暄就觉得热闹,有气氛,人气足。

想想这些住在美国的中国老人们平常是多么寂寞,孤单无聊,便更理解父母为什么不喜欢在美国常住了。

伯母吃饱喝足了就是不想回那个家,说家像监狱,整天盼着让女儿带出去转悠。

我朋友不舍得买时髦衣服换新包包,就舍得下馆子给母亲"放风"解闷儿,聊大天儿,我好感动!

这天儿聊得如此热闹,让我也觉得自己被"放风"一次。

01-15-2015

苔紫家的来客

苔紫就是 Taz，我将印度朋友的名字直译地如此美丽，博得了主人公的赞赏，她的眼睛显得更大了，手指动地更欢了，每次和她对话，就像印度电影里的美女般活灵活现，接着，我的耳边似乎飘来延绵不断的印度音乐。

虽然印度和中国是近邻，但文化相距甚远，两个民族的相遇会擦出奇异的火花。这两天她总是追问我如何做中国饭？我告诉她到百度上搜寻，想要啥有啥！但又一想，她不懂中文怎么查？那她为什么要学做中国饭呢？

"你印度饭吃地好好的，为什么要学中餐？难道找了个中国男朋友？"

"No. No，No"苔紫划拉着细长的手指告诉我，最近她家里住进了 4 位中国来的女学生，都是来读高中的，十五六岁的样子。按照规定，收了人家的钱，不仅提供住宿，还得提供食物，出行车辆服务，连开家长会也得去。"其它都好安排，就是做饭麻烦！"她又一次告诉我。也不可能每次都买现成地吧！汉堡、pizza 都买了无数次，连买的人都烦了，更别说吃的人，西雅图的中餐馆又不多！

又一天，苔紫问我："为什么都是中国人却讲不同的语言，相互之间也不讲话？"我一问都哪里来的？

她说，楼上俩儿北京来的，楼下俩儿是上海来的。

看来都傲气着呢，大都市来的独生子女，我邹了眉头后还是安慰她慢慢来，像对自己孩子一样地对待她们吧！可话刚出口才又想到苔紫还是单身，没自己孩子。据说，印度女人都结婚早，可她例外！

北京人讲话听起来像百灵鸟在歌唱，源远流长；上海姑娘讲话一时喃喃细语，一时唧唧咋咋。

我知道现在的中国年轻人都讲国语，可一遇到老乡就一定讲地方方言，那北京话和上海话可差了老远呢，南辕北辙都不够形容彼此的不同！光说历史的印记还不够，还有如今时髦文化的渗透。我不是研究方言的，可对个别的词汇也略知一二，也就给苔紫举例说明一番。

她听得入神，瞪着个大眼睛，睫毛一闪一闪地。我又说，连语言都那么不同，饮食更不用讲了，不同就是不同。

"四个孩子有时候也自己做饭，但她们需要的菜得在中国城买，我有时候带上海女去，有时候带北京女去，反正她们一起去的机会很少。"每天早上上班时苔紫都不自觉地汇报她家里的情况，仿佛给我讲中国孩子的事，让我提些建议她就能够减轻自己的烦恼，也能润滑四个孩子的地域磨擦。

"今天又有麻烦了，这钱真不好赚！"她哭丧个脸。

原来那上海来的佳佳和北京来的融融在洗衣房吵了起来，就为谁拿错了内衣，穿错了袜子，洗衣房就像战场。

这些独生子女都是父母的宝贝蛋儿，谁干过这么多活？如今得干，当然干得不那么俐落。丢三落四、糊里糊涂、自私自利，这个说她家雇个媬姆，那个说她家有个钟点工，自己还不知道如何用洗衣机！双方的朋友自然就帮自己的老乡，急了就用自个的家乡话骂对方："你个丫地"，"姑奶奶这次饶了你！"融融操著京腔；"小赤老"，"冈巴子！"佳佳也不示弱！

苔紫学的时候我想像著以上的情景，蛮有立体感的。

我说建议她给她们开会，周末几个人坐在一起说说，顺便烧烤一下，联络一下感情。每个孩子在学校的学习都是顶呱呱，苔紫翘著大拇指对我说。

"她们都不笨，就是娇气！在自己家都是唯一的孩子，父母有钱送她们出来留学也不容易！"我用自己本有的中国情结说着这些不痛不痒的话，希望苔紫不要对中国学生有什么成见。

周末 party 的时候我也去了，一屋子女人吃着自己做的中餐开心极了。我说有中餐馆呀，洗衣店呀，名牌店呀，什么时候带她们到市中心呀！等等。

"怎么西雅图比上海还大，可连地铁都没有，真落后！"佳佳先发表意见。

"好像有轻轨！"不知谁嚷了一声。

"或许西雅图就不配有地铁，只有几十万人的城市哪配地铁！"我在一旁调侃著，似乎想借此冲淡小姐们对西雅图的不满意。这里虽然没有北京、上海热闹，可这里有不可一世的波音、微软、星巴克、还有清新的空气，有人讲，这里就是天然氧吧呢。

那么多食物都封不住大家的嘴，只有苔紫瞪着一双大眼望着我们，想加入都不成，因为她的中文水平只会说"谢谢！再见！"这类词。

佳佳和融融这两个小姑娘就这么在中国式争辩里和好了，彼此还互赠礼品，上海的小核桃和北京的果脯在她们手里互换，她们还约定，以后大家轮流做中国饭，省得光吃西餐，印度饭。

一大早苔紫就来电话说学校叫她去一趟，理由是四个女孩子聚众闹事，在这么个只有五百人的私立学校里发生"聚众闹事"可不是小事！

然而，事态并不是那么严重。多么大的理由被叫去校长办公室谈了半小时，苔紫轻描淡写地诉说了经过。原来班上有位白人富二代托尼写了份情书给佳佳，佳佳上交给校长，托尼就在校门口堵了佳佳，四个女孩子就联合对峙托尼，说："如果再招惹我们就用中国功夫收拾你！"。

"还不知道会发生什么呢！"苔紫天天和我絮叨，估计她把"home stay"想地有些简单，我宽慰她别想太多，中国的女孩子还是比较乖，能出来留学的女孩子都不差。

春假就那么几天还是有人要回中国，苔紫忙碌地接送孩子们，显得自如多了。

随着中国的开放，愈来愈多的小留学生在异国他乡学习生活着，人们的生活方式，社会的组合格式，文化的发展框架都在变化。

其实，你眼光所追随着的普通人的生活也能带给你自己内心的无比幸福，因为大千世界的温暖不光来自太阳。

09-2018，
刊登于"侨报"

哈喽，托尼

每年冬天，我们都会飞往凤凰城的小家住上一段时日。那里充沛的阳光不仅让我们身心舒畅，也为我们避开了西雅图寒冬的漫天飞雪。

疫情前的初春，我与先生正在新房后院忙着清理杂草。忽然，院墙那边传来一阵悠扬的音乐声。我不由自主地走到墙边，踮起脚尖，伸长脖子，将视线越过那仅一人高的土黄色墙头，向另一边探去。

阳光下，一位中年白人男子正坐在蓝色泳池边。他身着游泳裤，赤裸的上身还挂着未干的水珠，映着日光闪闪发亮。他手握一瓶黑啤酒仰头畅饮，脖子上搭着一条白毛巾，神情悠然自得。

他的院子明显比我们的宽敞许多。泳池两旁，一对仙人掌笔直地站立，如同忠实的守卫；一棵柠檬树静静伫立在墙角，枝叶间悬挂着青黄相间的果实。泳池与一处户外客厅相连，客厅内，一排竹质沙发对着挂在墙上的大电视，显得舒适又惬意。整个院落布置得井然有序，既实用又充满生活气息，让人心生羡慕。

"哈喽，哈喽，邻居！"我先生趴在墙头挥手打招呼。

男子显然有些惊讶，转身看向我们时脸上掠过一丝错愕，但很快恢复了从容。他匆忙用毛巾围住下半身，拖着拖鞋朝我们走来。他满脸涨红，笑着说道："新邻居吧？我叫托尼，欢迎你们搬进新家。"话音未落，他便从墙那边伸过一只还带着湿气的大手。

我们一边与他握手，一边报上了名字，并互换了电话号码。那次简短的交谈持续了十几分钟，我们相互大致了解了彼此的情况。

第二天恰逢周末，托尼夫妇热情地邀请我们到他们家坐坐。托尼穿了一条蓝色呢绒运动短裤，配上一件雪白的短袖，脚下是一双十字拖鞋。他的妻子玛瑞雅是一位身材矮小的南美裔女子，留着干练的短发，丰满的胸膛与她热情洋溢的性格相得益彰。她说话时双手舞动，语速飞快，带着浓厚的南美英语口音。

托尼的家是一栋两层的小楼，三间卧室、两间浴室。楼下的客厅靠近厨房，摆着一张黑色的转角沙发。一只白色的小狮子狗围着我转来转去，一边摇尾巴一边吠叫。玛瑞雅笑着将小狗抱起，轻轻拍着它的头："小糖糖，安静些，安静些。这是我们的新邻居，欢迎他们加入社区。"小糖糖竟真的安静了下来，卧在地毯上，一动不动，活像个毛茸茸的玩具。

客厅布置得井然有序，墙上挂满了印象派的油画，颇有艺术气息。厨房的中央是一个椭圆形的岛台，台面上摆放着几盒饼干、切好的三明治、各式起司和巧克力，还有一瓶红酒与四只高脚杯。头顶的吊架上挂满了擦拭得锃亮的锅具。玛瑞雅热情地招呼我们入座，整个空间显得温馨又优雅。

托尼喝着红酒,感慨地说道:"自从从加州搬到这里,生活品质一下子提高了。我们卖掉了加州的联排别墅,在这里买了独栋,还一口气付清了贷款。这里的房价比加州便宜太多了!我现在在附近的酒店找了份管理游泳池的兼职,一周只工作两天,轻松自在,日子过得悠哉悠哉。人老了,不能总守着大城市紧绷的节奏,需要换种活法。"

原来,托尼早在加州的一家大公司退休,而玛瑞雅则在一家小公司做会计。两人没有孩子,便将那只小狮子狗当成女儿一般宠爱。
"在哪儿都可以生活。"托尼笑着说,"搬到这里,光是房子和地税就省下了一大笔,平时还能到处旅游。何乐而不为呢?"

托尼的话音落下,玛瑞雅将杯中的红酒轻轻摇晃,仿佛那点点酒液也在印证他们生活的惬意与满足。我环顾四周,阳光透过客厅的落地窗洒在木质地板上,小糖糖安静地卧在角落,偶尔抬头望向我们,眼神里满是安详。托尼夫妇脸上的笑容也带着岁月沉淀后的轻松和自如,那种安于当下的生活哲学让我心生感慨。

回到家时,天色已微微泛暗。院墙上的仙人掌在落日余晖中拉出长长的影子,柠檬树的叶子在风中轻轻摇曳,有两只蜂鸟狂飞着。托尼的话仍在耳边回响,仿佛替我们揭开了生活的另一层意义:平淡的日子里,不必执着于什么,只需顺势而为,心存余地,生活自会赐予它的美好。

那一刻，我觉得，初春的风也变得格外温柔。

08-2017

在海上，与孤独共舞

漫步在维多利亚号豪华游轮上，耳畔总能捕捉到悠扬的钢琴声，伴随着一位女中音的轻柔吟唱。对于音乐，我的鉴赏力或许并不高深，但海天一色的广阔背景，让这些旋律融入了我对大自然的感知。此时，音乐仿佛不再只是音符，而是波浪，是海风，是藏在这片漂浮世界背后的故事。

远处的海面波光粼粼，像是一张巨大的蓝色丝绸，轻轻拂过游轮的侧身。

维多利亚号，这艘载着三千名乘客的浮动城池，犹如一个微型社会。大厅穹顶高悬着一盏琉璃灯，散发出柔和的暖光，将大厅映衬得宛如一座剧院。木质的地板经过岁月打磨，呈现出温润的光泽。钢琴声与船体轻微的摇晃相呼应，仿佛连整个游轮的脉搏也随乐曲跳动起来。而在这律动之外，是无边无际的大海，它的宁静与浩瀚，为这一切提供了最宏伟的背景。

大厅的一隅，一位清瘦的银发女子坐在钢琴旁。她高高盘起银丝，额前一撮黑色刘海随意垂落，银灰色长裙拖曳在脚边，肩上披着一条薄薄的灰色丝巾。她的身子随着旋律微微前后摇摆，蓝色的眼眸闪烁着一丝妩媚，面颊扑着粉，虽是年过半百，却依然带着年轻时的风韵。这风韵没有刻意的招摇，而是一种历经风霜后对自我笃定的释然。窗外，大海的波涛似乎也在随着她的演奏起舞，每一次起伏都仿佛是对旋律的回应。

钢琴旁的小舞厅中，十几对老年夫妇随乐而舞，动作不再灵活却满是默契。他们脸上荡漾的微笑在说着：即使岁月夺走了青春，但优雅与热情却能在这漂浮的乐园里延续。看着这一切，我的好奇心越发强烈——这位钢琴演奏者究竟有着怎样的故事？

机缘巧合之下，上船的第三天，我终于有了答案。

那天，我们乘坐小艇离船登岸，船上的巴士将乘客们送往目的地。钢琴演奏者恰好坐在我身旁。便服的她少了一份台上的庄重，却多了几分亲切。那一头银发仍是那么动人，让我几乎没费多少心思就确认了她的身份。经过几句寒暄，她开始向我讲述自己的生活。

她名叫路易斯安那，退休已有五年。离婚后，子女各自成家，她独自面对百无聊赖的退休生活。在逐渐耗尽生活热情时，她意外发现了游轮上的演奏工作。"这是上帝赐给我的一份礼物，"她的蓝眼睛亮了起来，"在船上，我每天只需弹唱三次，每次两小时。吃住全包，衣物有人干洗，不用开车，也不用买菜。更何况，我还可以周游世界，遇见各式各样的人。"她的话语中透露出对这种生活的热爱，就像大海对航行者无尽的包容。

她笑着补充："每年，全美国有成千上万的老人选择像我一样漂浮在海上，名为'Cruise'，其实就是一种与孤独抗衡的方式。有人甚至称它为'漂浮的老人院'。"海风吹过,带来了一丝咸咸的味道。

"这样的费用一定很高吧?"我忍不住问。

她摇了摇头:"并没有你想象的那么贵。在船上的生活费其实和陆地上的差不多。平时你要支付房租、保险、汽油、日常开销,而在船上,这些都不用了。甚至有些老人算过账,发现还能省下一些钱呢!"她的声音中有着对这种生活的坚定。听着她的话,我不禁想到:这些漂泊的老人们,不仅行万里路,还能阅尽人情冷暖。在这片漂浮的空间里,人生的苦闷似乎被汪洋大海掩盖了起来,而大海的辽阔,仿佛为他们的人生赋予了新的意义。

"那你不觉得厌倦吗?"我问。

她笑着摇头:"从不。这艘船到了终点,我就会上另一艘,像接下来我要去的阿拉斯加公主号。每一段旅程都有不同的风景和人,每一天都让我觉得自己还活着,还在感受这个世界。"她的声音柔和而坚定,带着一种岁月沉淀后的从容。我想,这不仅仅是她对生活的描述,更是一种生活哲学。漂泊并非迷失,而是一种有意识的选择,是对固定模式的生活框架的打破,是对自由与未知的拥抱。

我回到船上时,夕阳已西沉,天边的晚霞染红了海面,仿佛是大海在用最后的辉煌向白日告别。远处的钢琴声再次响起,与船体的律动融为一体,这一次,它不仅仅是旋律，而是一首生命的赞歌，回响在每一位游客的心中。

随着夜幕降临，钢琴声渐渐消失在夜色中，但它的余音却在我心中回响，就像大海的潮声，永远不会停止。我知道，无论未来的路有多么遥远，我都将带着这份对生活的热爱和勇气，继续前行，与孤独共舞，与大海共鸣。

05-20-2019

安娜的世界

安娜的世界很小，也很大。三个女儿两只猫和一条狗就是她的世界。这三二一的日子，让她自己讲起来着实轻松快乐，可如果换我，早就疯掉！她讲，猫只要有吃有喝就行，可那条狗就不行，除了吃喝还得一天两次地拉出去蹓蹓马路。有一天安娜出门回家晚了，一进门那狗早就发过了疯，整个厨房翻了个底朝天。那猫喵喵地叫着，仿佛在说不是她们的错。自从安娜的先生病逝后，这家里就没有了男生，猫和狗也全是女生。虽然女儿们早就被Kick out了，可还是自己的女儿。她们都有各自的世界，却不同得让你料所不及。

大女儿AA，年方四十，长相颇有几分姿色，她遗传了安娜的大眼睛，还有一头自来卷的金色长发。据安娜讲，AA除了工作，就是读书，再就是摆弄她那两条德国种狼狗。她没有一个朋友，甚至连自己的家人也不经常联系，仿佛她的世界就只限于那很小的studio。安娜担心AA患上自闭症，可AA说她是自得其乐，书和狗就是她的所有世界。

二女儿BB，一个胖胖的大姑娘，她在餐馆做甜点师，以微薄的工资来维持自己简单的生活。前年BB跟一个才认识一周的男人睡了一觉，只为的是做妈妈。一年后她生下了女儿小BB，从此安娜成了Grandma，BB就成了单亲妈妈。BB只要孩子不要丈夫，也自得其乐，孩子就是她的整个世界。

三女儿CC，一个额头很高，长著一个鹰勾鼻的女人。她笑脸常在，一副长长的臂膀和大手，有人讲她像个投球手。CC是跟安娜最亲近的女儿，会每天送晚饭给妈妈吃。她有相好的，可不是男人，是女人，照直说她是同性恋者。安娜讲，CC的爱人叫DD，是个很好的姑娘。会做饭，又会打毛衣，还有一颗善良而宽容的心。

对女儿们的选择安娜毫无异议。上周二安娜问我，如果她老了是进老人院还是和女儿过？我说美国的老人院不是你去的地方，还是跟老三住吧！CC也早准备让母亲一起住。我说，三个女人相互照顾是最佳选择。

一名普通美国母亲的家事，包含了最为复杂的美国自由文化，我们东方人是难以接受的。可安娜却泰然自若，心态平和，她对女儿的理解更多于担忧。

我们这些身处异乡的东方人，夹杂在东西方文化当中，随时都有精神游离于东西方文化边缘的时刻。将来儿女的选择顺乎中国文化发展的，我们还能接受，如果反其道而行之，恐怕就难以接受了。假如我们有了类似安娜的生活，何去何从？

安娜是我的朋友，她的世界实际上是成千上万个美国家庭的世界缩影，安娜的世界很小，也很大！

08-2015

陌生的熟悉

有三十年没见了,当凤穿着开襟海蓝小毛衣出现在地铁站口的时候,我还是一眼认出她来。清瘦、端庄,短发里透出中年女人特有的成熟。一位美丽优雅的女人,画家,又是我少女时代的画伴儿,好友加发小。重逢,有时候就是陌生的熟悉。

我们亟待地望着对方,视线飘过攒攒人头,喊着对方的小名,就那么融化着拥抱了对方。她沙哑的嗓音让我有些陌生,但更具沧桑。拥抱骨感十足的她时我的胳膊有些颤抖,三十多年不见了,其间走过了多少风景。

还没有聊几句,就涌起某种怀旧之感,世界相当狭窄。

得到事先告知,她家里养着几只狗狗、几只鹦鹉、几只乌龟、几只鸡、一群锦鲤鱼、门外还有野猫,这些足以让我惊奇。住在西安还可以养个动物园,不仅经济实力要足,更重要地是要有爱心,我对她两口子刮目相看了。

这让我想起儿时住在西一路家属院,四方院子四五家人,各家各户都抢着搭鸡窝养鸡,为的是吃鸡蛋,那时候都穷,为吃蛋而养鸡。如果听到风声,鸡瘟要来,父亲就先杀了"不欢"的那只,免得被瘟死没得吃。他是北方人又不会杀鸡,搞得挨刀的鸡拖个头满院子乱跳，满地都是鸡血，吓得我们一群孩子们也跟着跑，不是害怕就是凑热闹。邻居南方人婆婆说："老符，你这么个大老爷们连只鸡都杀不了！"

几十年前在中国，那时候西安人除了吃猪肉啥都不会吃，也不会杀鸡杀鱼。以后城里人都住进楼房，养什么都不允许了。往事如烟，千变万化。

我随着她的车一路到家，她门还没有打开，那狗声沸腾，鹦鹉"你好、你好"地叫着，一只斑点狗（大麦町犬）扑面而来，投到我女儿的怀抱。凤介绍说狗只有两岁，比较人来疯。我从没养过狗所以有些怕，女儿则如鱼得水，和斑点玩得水乳交融，在客厅地板上上下翻腾。

西安城里能住 house 的人不多，House ceiling 很高，客厅里墙上迎面是一副顶天立地名家国画，右侧则是主人苍劲有力的书法，大理石地面和楼梯的扶手都预示着主人生活的坚实强劲。主人抱着一堆木材点燃了二楼客厅的壁炉，虽没有火焰熊熊，也燎燎动人。这是一间很大的画室，他的画作依次排满墙壁，顿觉四壁生辉，加上左面的原木茶桌，普洱茶香扑鼻，一派儒雅祥和的氛围……

凤的先生也是西安著名国画家，大家围坐在原木树雕茶桌边谈古论今，品着陕西富平柿子，茶壶的热气袅袅飘香，斑点狗在我们身边环绕。

好久没有这么儒雅了，海外生活的单调执着让我们丧失了太久的友谊。

突然想起羞于启齿的少女故事，这会儿我鼓起勇气告诉你。七十年代，只要大人出差，我和凤就挤一张床睡，有一晚月事来临，将我俩的睡衣粘在一起，搞了个满床红；常常在放学的路上跳着走路，书包在背后打晃；一起挤在街上看将要被枪毙的罪犯游街示众车，罪犯都被剃了光头，挂一个打个大红叉叉的牌子；还有一起和她画画的情景，凤的父亲庶人做过我的国画老师。我没有坚持学下来令人遗憾。那年代学校搞学工学农，大家都不好好学文化课，大人就要求孩子要有一技之长。

不知不觉间我们来到后院，几十条锦鲤鱼在凉台上的水塘里遨游，眼花缭乱。主人可以认出每条鱼的不同，每天观察鱼宝宝们的游姿，以此判断它们的健康状况，还亲自抱着鱼宝们给打预防针，我也是闻所未闻。

喝茶的时候，脚旁盆里的乌龟伸出头来看看我，觉得我这么陌生，就又缩回了头，安祥地睡了。养一只老乌龟，预示着家里老人长寿百岁。

吃饭的时候，落地窗外那两条黑色德国纯种罗威纳犬凶猛地用头拱着厚玻璃窗，据说这种狗对主人非常忠诚，对"敌人"非常凶猛。我们举杯畅饮之时，斑点狗在我们椅间撒欢儿。

桌那边儿的一只鹦鹉看没人理，她就一个劲儿

"妈妈、妈妈"地叫，不知道的人真以为是家里有孩子在叫，无不热闹。主人说，她家里最多还养过十只狗狗，满屋子、满楼上下地跑。只听屋外院子里的几只柴鸡也咯咯咯地唱歌。她家俨然是所动物园。

临走的时候，门外的喂猫食盆已经空空如也，院子里的野猫们也是他们在喂。

朋友夫妇是爱动物之人士，浓烈的爱心是令人难忘的，我爱她家的动物，更珍惜拥有多年的友情。

感慨眼前的变化，更是一种陌生的熟悉。

05-2019

借我一双慧眼

列车缓缓驶出罗马站,向威尼斯方向而去。然而,我的心却没有随着火车而去。借我一双慧眼,让我把罗马看清。

整整一周与她的相处,我似乎有些熟悉与喜欢这座古城。如果说几年前第一次来罗马时充满感性地观察这里,而这次便多了些理性。

这里没有高楼大厦,城里所有建筑物高度不得超过凡提纲圣彼得大教堂,以示对教廷的尊重。罗马的城市布局无不受宗教的影响,敦厚优雅,古朴恬静,既充满古罗马的神秘,也不失欧洲建筑的风雅。

石头,是这里主要的建筑材料;石雕是这里首当其冲的建筑装饰品,可这装饰品却是源远流长的无价之宝呀。这里的三百多座教堂,以圣彼得大教堂为榜样,都是圆顶拜占庭式建筑,和中国的亭台楼阁式建筑截然不同,难怪当年中国著名的建筑家梁思成夫妇多次到欧洲考察。米开郎吉罗设计的圣彼得大教堂是世界拜占庭建筑的鼻祖。

说起这里的交通,地铁和火车是老百姓的主要交通工具。几乎每辆地铁的外表都被五颜六色的涂鸦绘满,也省了设计师们对车厢外部的装潢设计。高铁也遍布意大利主要城市,就像意大利地图"一只皮靴"般具有想像般的战斗力。如果提前网上订票也比较便宜，我们在美国就订好了所有火车票。进出旅游景点，买 Roma pass 既可以自由上下地铁，也可以有博物馆门票的优惠。

高铁让我们一览意大利的田园风光，橄榄树便是那里的主要树种，绿得深沉。有时候我倒觉得自己要学习橄榄树的深沉气质。植物与人有种奇妙的交流。

走在街上，您看不到胖子，这和他们的饮食习惯有关。罗马的咖啡都是浓缩的，咖啡杯也好像被"浓缩"成玩具杯，小得像中国人的酒杯，是美国咖啡杯的四分之一，当我举起咖啡杯，把苦涩的浓缩咖啡送进胃里时，仿佛真是在饮用中药。我先生说我土得掉渣儿，那叫"罗马浓缩咖啡"。

欧洲咖啡文化着实回味无穷！

这里的糕点都是小巧的，牛角包只是美国的三分之一大小，难怪美国肥头大耳的人多，因为他们每顿饭都吃了意大利人的三倍。其他食物也不言而喻，分量小而精致，三明治装在盒子里像玩具。

和西雅图相比，罗马的地面和空气都很脏，地上到处都是烟头儿，沿街的道路上有些狗屎，我得跳脚走。空气里弥漫着浓厚的香烟味儿，这里的女士们走到哪里都右手加根儿烟，胳膊向后伸着，让烟往后冒。她们一袭黑色便装，脚蹬一双钉了掌子的长黑皮靴，披头散发地，神情专注地吸着吸着，当那一口口青烟从鲜红的小嘴里吐出时，她们面部的表情呈现出一种轻松，而面纹却因为清瘦而加深。女人都是一个气质，在东方人眼里没有了区别；男人是瘦长形的，都理寸头，高高的鼻子冲著空气而去；小青年都留着国际时兴的高耸型，两边鬓角光光地。罗马人的时装有名，可一般人以黑色为主，女人都是黑皮鞋，紧身裤或黑短裙，留着凌乱的长黑发，每个人都是瘦小脸型，透出几分古典美。

"这里的老人一点肚子都没有！"我先生总是说。这使我想起在美国街上，大腹便便的路人处处可见。

有一个问题一直困惑我。爱吃橄榄和蕃茄的意大利人却是远离癌症的群体，但罗马人那么钟爱香烟，满街飘着烟味儿，连我这个外乡人也吸了一周的二手烟，他们依然是癌症低发国，真有些使人不解。

小偷多是罗马的特点，那年我们曾经在地铁上被一群美丽的吉普赛小姑娘围了，多亏警察的提前提醒，使我们有所警惕，并没有什么损失。这次地铁还是那么拥挤，但没发现小偷，因为到处都是警察和军人把守，为的是捍卫名城的安全。

火车站原来是混乱的，如今有专人把守，闲人免进了。凡提纲周围更是重兵把守，肃穆庄严被人们刻意保护了。高铁在山洞里行驶，忽亮忽暗，我们离罗马愈来愈远，愈远……。

10- 2019

我在客厅坐一下

拿破仑说过:"意大利威尼斯的圣马可广场是欧洲的客厅"。

那不仅是对威尼斯富于诗意的最高评价,也是给予这里的一份厚礼,平均一年两千万的游客就是这么被吸引而来。

如果你不购物,不听歌剧,你不走过所有蜿蜒的街道,你不跨过四百多座桥,用一两天时间蜻蜓点水般在威尼斯看看似乎也够了。

想多呆就多呆,如果你不看着水就眩晕。

出了火车站我就被视觉扰乱了思绪。那明明是路的地方不是路,那明明是跑车的地方不跑车,公交车是船,计程车是船,我便不得不上船,因为我的脚无法在水面上迈开步。

原以为是在梦里,当自己亲眼看到淡绿色的运河水上,来来回回跑的是各种船只时方才大梦初醒,这里便是我向往已久的,世界上唯一没有汽车的城市——威尼斯。

彩色岛的美丽房子、玻璃梦幻都在眼前。那日黄昏,我们执着于彩色岛。顾名思义,那彩色是指这座岛上都是些美丽的房子,房子们的颜色似彩红,如朝霞。

夕阳下美丽恬静的岛屿确实是童话里的样子，每条街上的房子都是底层开店楼上住人。店多是礼品店，估计开店的人是外来的，因为岛上留守的大多是老人。他们看起来干干净净，高鼻子大眼睛的，老了还是那么衣着整齐洁净。意大利人脚下都少不了一双真皮皮鞋。

看到一位老太太恬静地站在窗前，望着街道上往来的游客，她面部没有表情，从窗口的视角我垂手可得她的孤寂。不知道她在想什么？是想儿女情长还是惧怕死亡！

据说，当地居民有人到政府抗议，嫌游客太多，不仅打扰了他们正常的生活，也正在破坏着那里的生态环境。但话说回来了，如果没有游客，何以带动这里的经济，又何以繁荣这里的生活？向来老百姓的想法和政府是有差距的，政府不可能阻挡历史的潮流，而历史的潮流又何尝百分之百符合人意呢？

回到主岛，我们徜徉在大街小巷，或是坐船或是过桥，都没有等待红绿灯的烦恼。那四周都是水，满眼皆是船，美丽的广场和回廊足以配得上"欧洲的客厅"这句赞誉。

鸽子们是游客的朋友，它们缠绵于我们的脚下，贪恋那面包渣儿。天上飞翔的海鸥，还有叽叽喳喳的人群，填满了广场，使教堂显得更高耸，回廊显出高尚无比。

离开威尼斯的前一天黄昏，我们随着人群又徜徉于大街小巷。迂回的街市、明亮的街灯，踩过一桥又一桥，耳边的小提琴伴奏着萨克斯，演奏的竟是中国音乐"茉莉花"。

出其不意的惊喜，增添了我们的喜悦。同时也让我们看到威尼斯商人煞费苦心——这里的游客很多来自中国，他们充满强烈的购买欲，是高档商品的消费主力军。她们还是集体留影的演员，使出浑身解术展示自己的魅力。

威尼斯是座充满活力的城市.而又魅力非凡。

11-2013

百老汇琉璃

西雅图也有个百老汇路,洋溢着古今混杂的风情。我常开车路过,便会道听途说。

话说那里有一家百年老店,店面是用一个女人形体状的彩色琉璃装点的门脸儿。那女人身子扭着,头发飘着,右手叉腰,穿一双高跟鞋,妖娆地被挂在高高的白墙上。店里卖的是家家离不开的玻璃,市价人称全城最便宜。顾客可以打电话订货,送货上门,也能随到随切,各种尺寸都服务。

我之所以记住了这个店,其中一个原因就是当年我家盖房,我先生买了一面像单人床一样大的镜子,试图把我们的 bathroom 一面墙都装点成镜面,可惜在往大理石台子上抬的时候,一不小心,"砰"的一声裂成两半。一看这情形,我建议买个小点的算了,我先生坚持要买个一模一样的,说再买一个的价钱加上前一块儿的总价都比其它店里一块儿还便宜。

我诧异:"那他还赚什么钱?玻璃一定是从中国进口的!"

他说:"没错,成吨的玻璃用集装箱从中国运来,店主就是走的薄利多销之路。"

玻璃店是一家子开的,店主老杰克,八十开外,从祖上接手小店,不断扩大生意,在西雅图也是好名远扬。我知道家里的大小玻璃，镜子都从那里来，就连茶几上的玻璃面也来自那里，只有几美金。有个搞房屋设计的朋友，就因为知道那里玻璃便宜，连设计房子也会多设计个窗口，说既省钱，多个窗子也可以看到更多的窗外世界，一举两得。多么美好的设计思维呀！

我先生更是脚底抹油，动不动往玻璃店跑，配个镜框啦，划拉个圆桌台啦，还介绍不少朋友去买那店里的玻璃。你也知道，男人就是和女人不一样，他们鼓捣房子就像女人鼓捣衣服一样起劲儿。

一回生二回熟的，就知道那老杰克的父亲早年从挪威移民来美，开了玻璃店，以后传给老杰克。留着串脸胡的老杰克六尺六的个子，走起路来活像个大鸵鸟。鸭舌帽一戴，眯着一双透着蓝光的眼睛，犀利逼人。

这老头儿如果遇到老客户就乐意亲自动手帮你切割玻璃，虽然用机器，可也显示他老当益壮。他不紧不慢的样子，也从来没有见个笑脸。失手划拉坏了就随手将破了的玻璃往回收箱子里一扔，如果客人不小心搬坏了已经买的玻璃，只要没出店，老杰克也算在自己的身上。

如果你讲价钱，他还会绷个难看的表情找你几块钱，钱也是从他的工装裤的前口袋里抓出来的，又皱又折，还脏。

这样的举动可把他儿子小杰克气个半死。小杰克常常对妹妹讲，他们的父亲恐怕是得了老年痴呆症，可老杰克认为，自己老了，便宜几块钱图个大家高兴，说不定人家会经常来店里买玻璃，还会介绍更多的买家。

事实也是如此，光那位搞设计的朋友介绍的买主就十几家了，而且都是搞装修的，那便是细水长流，源源不断的生意了。

在门口开票的是老杰克的女儿，一米八的个头儿配上一头金黄长发，微微驼的背配一张白脸，每次见她都手里夹根儿女士香烟。事先打电话来的话，接电话的也是她，被烟熏的哑哑嗓子在电话那头儿嚷着，说本店只收现金和支票，信用卡一概不收！态度很冲，像是在说，"东西便宜，爱买不买，我们有的是人买！"

老杰克的儿子开个卡车负责送货，个子不高，估计像了母亲。他膀上纹着"力量"两个汉字，满身的肌肉，抬起玻璃就像人家在舞台上表演柔姿，一副轻车熟路的职业操手。

为了写他们，我还特意借着家里买玻璃的机会去店里了一次。不看不知道，一看吓一跳！

House很大，是几年前翻盖的三层楼，老杰克住一楼，外加豪华大厅与厨房。儿子住二楼，一大室一大厅，看着厅里的各种健身器材如同到了健身房。三楼是三个卧室，住着女儿夫妇和两个孩子。

老杰克指着后院深不见底的林子说，总共有五亩地，旁边的车库也是超大无比，门打开一看，里面除了三辆小车外还停了一架小型直升飞机，两个座位的。

老杰克摸摸胡子说："平时不开，到周末开着飞四十分钟到温哥华吃顿饭，主要是吃中餐。"他对那里的中餐馆一清二楚。

我都乐傻了！在这繁华的都市里还有人每周开着飞机出国吃饭的。

对自己的儿女能和自己共同经营百年老店，他也算满意，孩子从小就在自家店帮忙，虽然没有上什么大学，但自食其力就好。

美国人一大家子住在一起也很特别，虽然生活、经济上各自为政。

这家店主人耿直的态度并没有影响他们的经营业绩，似乎告诉人们真诚更为重要。

在我心里，百老汇街上的这家百年老店像琉璃般美丽！

05-2010

离婚

上次去加州，娜请我到中国城吃饭，她的丈夫老抽也在。

"老抽"是娜给自己先生起的外号，因为他老是抽烟，停都停不下来。对这样的称呼他也认可，觉得蛮形象的，就这么被叫了两三年。虽然和娜做朋友有几十年了，可还是第一次见他先生。他，清瘦矮小，右手的食指与中指被烟熏成土黄色，还夹根儿烟，头发没几根。两只黑眼珠带着空荡荡的笑意，那飘到空中的烟雾形成排列的圈圈在空中盘旋着。娜说过，他很会吐烟圈儿，曾经在烟民里首屈一指。她说他太无聊，像中国城里的"闲人"。

其实，娜是被老抽从中国"选美"娶回来的，只认识了三个月就领了证，移民来了美国。

饭桌上，我们两个女人聊得热火朝天，几十年的事讲起来总是讲也讲不完，有趣无趣都一样，大多不是因话题让人兴奋，而是几十年的友情让我们谈得无比投机。

老抽坐在旁边也没闲，手里夹根儿烟熏着，脸色蜡黄蜡黄，牙缝趋黑趋黑。他大腿翘二腿，手指就那么抖吧抖吧，烟灰儿顺着指缝抖落到喝水杯里。

他很轴，但也老实巴交，还时不时插些话来，例如，嗯哼，My god，Yes, no。娜听见老抽总说英语，就毫不客气地骂他："你英文那么烂，还在我朋友面前显摆，别丢人现眼了！"

老抽一看就是妻管严型，"嘿嘿"一笑算了，我反倒觉得不好意思。

以前也听娜讲过自己的先生，一个不求上进，来美国都十几年了，还耗在中餐馆切菜，也没切出个花儿来的好好先生。多年来他还住着租来的公寓，没有任何想法，还爱去赌场。当初娜在广州认识他时也没有暴露得这么多。

说嫁到美国的第一天，她到他家里吃饺子，大姑子连酱油都限制用，说美国的酱油贵过油。看到他住的地方和他那两位闪着挑剔眼神儿的姐姐就想立马与他离婚，打道回府。娜的话到现在还回响在我的耳边。这都是几年前的事了。

昨天，娜在电话里说，婚终于离了，留了两万美金给老抽，还里里外外给他置办了几套名牌衣服，又给婆婆一千美金。算是对得起那张绿卡，良心过得去了！

老抽也不怨她，因为看到娜从踏上美国土地的第二天就开始工作赚钱，一年下来比自己两年还挣得多，就知道这个老婆他守不住。

至于肯收下娜给的钱，老抽也觉得心安理得，毕竟娜是他办来了美国，也不能竹篮子打水一场空嘛。这样的男人不要也罢，没志气没出息不说，还抠门。娜拿自己的钱算是买了自己的良心。更有甚者，娜还张罗着给老抽介绍个对象，说立马见面，你说可笑不可笑。她还是不落忍！

娜其实想回广州，因为家里人都在那里，人人日子富裕，可还是不甘心，老想混出个样儿来。现在离个婚看起来挺容易的，中外都一样。有的夫妻打架离婚，有的就像娜一样，和平分手还能做朋友。只是这朋友做得别扭，怪怪的。

娜是个痛快的女人，性格开朗，心地善良，什么都想得开，至于自己的个人问题也没有想法，反正没有遇到称心如意的就先单着过。如今她白天上班，晚上运动，偶尔做做 spa，美容什么的，也忙得一塌糊涂。

看起来她过着轻松的日子，自己赚钱自己花，因为工作忙也不觉得孤独。她希望有那么一天还是回中国重操旧业，开自己的服装店，住进自己早就买好的一百平公寓。离婚对没有孩子的娜来说似乎是件好事。

05-2013

海角之夏

炎炎七月，夏花绚烂。我们开着房车，后面拖条小船，从西雅图出发向 Neal bay (尼亚贝)宿营地而去。那里地处华盛顿州西北角，也是美国最西北角。

阳光下的库色小镇郁郁葱葱，山坡上停满了各式各样的房车，上下船码头熙熙攘攘。湾对岸的加拿大维多利亚岛薄雾缭绕，秀色可餐，近在咫尺，垂手可得。海岸线附近时有游轮、货轮驶过，有种雾里看花的美感。

房车驻地附近三五成群的粗旷男人，大都胡子拉碴，皮肤被晒得通红，神情松弛，百无聊赖。他们穿着短裤、牛仔裤或工装裤，上身套一件大而脏的体恤衫或套头衫。这里还住着一部分季节暂住居民，人称候鸟群。他们哪里暖和去哪里，大部分是开着房车到处游住的退休人员。这会儿男人们也许去出海或看海，女人则呆在车里忙碌午饭，院子里还有几个半大小子嬉闹追逐。

宿营地办公室门外的长条桌旁坐着两位上了年纪的大爷，无一例外地不修边幅。两人满面红光，手里都握着一瓶德国黑啤酒在阳光下此起彼伏地喝着。斜阳照着半条儿木桌，老人面朝大海沉默不语，目光浑浊却执着地眺望着远方。身后的木墙上斜挂着一杆硕大渔网及一副木刻鱼雕。整个画面尤如西部片一幕镜头，有种复古的原始美。

水边儿蹲着个小木屋，门虚掩着，上半截没有门板，用做窗口，旁边还挂着一块儿用兰色油漆刷写的"Hut cut"（切割屋）的牌子。屋里有一对老夫妇一高一低，正汗流浃背地替人分割大鱼，他手持利刃在大鱼身上划割，新鲜无刺的鱼肉被她用机器整齐地封进真空塑料袋里，写上姓名放入冰柜。他又不时将剃下来的鱼骨，连带一串儿内脏及鱼头顺手丢到窗外的水中，引来一大群海鸥飞来飞去地抢食，呱呱呱的叫声响彻云霄。

我趴在栏杆儿往水里一看，只见水底沉落了无数淡粉色三文鱼的腐烂鱼骨。一问，生意经营已有二十几年之久，每年渔季忙得不可开交，分割一条大鱼收费三美金。可谓生意无大小、生存最重要。

我抬腿迈上办公室外的木头台阶，楼梯的木面被磨得发了亮，上面沾了一层薄薄的泥土。见我走过来，有位壮汉从屋里替我拉开沉重的玻璃门，满脸堆笑地用英文拉着长音说："请进女士，我帮你拉门。"我立刻回声："Thank you"。

屋里站着一群胖瘦高矮不一的男人，他们一边喝啤酒一边交流着各种信息，例如鱼线号码、打鱼区域、铅锤儿大小……。我的耳边充满了你一句我一句音频不一的英文旋律，这既当办公室又做小商店的屋子里几乎达到饱和状态。打眼一望，那些简易货架上摆的都是些与钓鱼、野营有关的货物。靠里面的角落里还堆放着几落瓶装水及饮料，货架上高低不一的勾勾还挂着各式各样的渔用手套、毛巾、绳索之类。

我们几乎年年报到，与宿营地老板一家算是熟人。前台有位看上去十八、九岁的陌生白人姑娘正忙得一塌糊涂，她一头秀发瀑布般垂在那张秀美的小脸两旁，纤细的手指在电脑键盘上飞快地打着字。一问，她竟是老老板的孙女，说祖母这会儿正在墨西哥度假胜地享受阳光呢。我说："你祖母性格开朗、爱讲话。"姑娘抬头笑笑回答："奥耶，她可是个话篓子。"我又问："你叔叔彼得怎么不见人？"她说，老家爱德华州农场还有五百头牛要他管，剩下她和父亲两人在此照顾生意，还是忙不过来。姑娘见我们是老顾客，便选了个方便出海的泊船位给我们。

我站在台阶上眺望远方，水边各种各样的渔船沿着细长码头两边整齐地排列开来，在阳光下熠熠发光。我们的船只有十七英尺，自惭形秽地夹在大船之间，虽然也有"托尼"名牌儿发动机，也能驰骋大海，可与周围的大船相比确实相形见拙。小船必定是跑不到深海域，经不起大风大浪，也就钓不到大鱼。从小生长在中国西安的我们连海都没有见过，如今有条船已经心满意足，根本不在意船的大小，是船就行。就觉得在西雅图这个海滨城市生活，不玩船定会遗憾终生。

那些大船并不便宜，凑前一聊才知船主大部分是小业主或退休工程师，都是些 Handyman (动手能力强的人)。

我们泊好船停了车，忙着搭建棚子，又把车上的东西往木条桌上摆。只见一位留着串脸胡、微胖、秃顶、长着一张圆润温柔的红脸男人开着营地小车停到我们旁边，车上还拉满了饮料。他笑呵呵地与我们打招呼，说自己叫凯瑞，营地就设在前面不远的角落，并邀请大家中午到他的营地里参观与烧烤，热闹热闹。我们客气了几句，答应一定赴约。

中午刚过，男生们都迫不及待地出海了，我们几个女生闲来无事，就溜达到凯瑞的营地。那是右拐不远处靠海角岩石之间的一片空地，中间设有一座石头垒成的篝火炉，营地三面搭起临时木头架子，上面挂满了小彩旗，旁边一排长桌上摆着各种饮料、食物及刚烤好的牛排，炉里正窜着火苗儿发出吱吱作响的烤肉冒油声，香味扑鼻。见我们走近，有位头上插了一根五彩羽毛、身着宽松花色长裙、扮装成印第安人的白人女子走出来，她自我介绍说自己名叫丽萨，是公司秘书兼会计，也是场地的布置人。她热烈欢迎各位前来捧场，并热情招呼大家共进午餐，我们也礼貌地献上了中国炒饭。

这时有一群男人嘻嘻哈哈地提着鱼竿、渔网，抬着一条很大的银灰色鱼袋向这边走来，他们兴奋地让我们欣赏刚收获的成果。大家呼啦围了过去，只见一条足有二十五磅重的花纹林卡鱼正静静地躺在那里，死鱼的眼睛半睁着很浑浊，没有了活力。其中有个壮汉伸出双手抓住鱼鳃两侧把鱼呼啦一下提了出来，让同伴给照张合影，欢呼雀跃不止。我也想合影但没好意思。

这群人是来自附近一家水泥公司的员工，大胡子老板为感谢大家一年来的辛苦劳动，专场免费将职工及家属集聚到这里放假宿营一周，又吃又玩。我们举杯祝贺，并祝愿他们来年生意兴隆。

因钓鱼水平、船只规格有限，我们的收获与这里的垂钓者相比就是小巫见大巫。从一开始学甩杆儿，去 Pink lake 钓鳟鱼，再到哥伦比亚河钓鲷鱼，直至来太平洋海湾出海。从湖边走向大海，我们犹如孩童学步，每进步一次都兴奋不已。

小船大部分时间都徘徊在海湾里，经不得大风大浪，不涉深水，眼看人家钓回成批的三文鱼、侧目鱼，我们也不甘心，几位男生偶尔也开着小船在风平浪静时闯到大海里侥幸绕一圈，还跨境到了加拿大海域，钓回如数三文鱼、石斑鱼及鳊鱼就立刻欣喜若狂。男人的志向比海深，比天高。也许人生不分胜负，贵在参与喽。

有年出海，还偶遇一对鲨鱼在海岸线徘徊，就像两座移动的小山，我们观察了一会儿觉得危险，便匆忙开足马力飞奔逃离了。日后每次谈到此事都有些后怕，可还是会兴奋几日，毕竟那是我们第一次离鲨鱼那么近。

首次出海的情景仍然历历在目。那日，一望无尽的蔚蓝太平洋犹如蓝宝石般在阳光下闪烁，海水不时泛起层层涟漪卷起波花；海鸥拍打着翅膀从头顶掠过，然后渐渐消失在天际边儿；海燕在石礁上驻足痴望，仿佛赞叹着大海的神奇与美丽。

从海湾我们渐渐驶入大海边沿，随着袭面而来的波浪，小船像一条欢快的鱼儿在阳光照耀的大海里上下起舞。我激动地站立船头张开双臂，让脖子上的纱巾随风飘荡，海风拂面。

有水艇飞空掠海破浪航行，铁甲艇头，刺破碧波，分开一条水路奋勇前进。被激起的层层海涛带着银白的浪花掠过船舷，然后在船尾汇合汹涌的波涛，留下一条闪光的水带，水带扩大到远处海面上，泛起闪闪波光。

还没兴奋多久，因海浪太大我突然感到一阵眩晕，紧接着又闻到一股海腥味儿，刚才那种清爽的心情立刻就风吹云散了。晕船是一种很难受的体验，头一阵眩晕，我站都站不住，眼前所有的美好一瞬间被眩晕抹去。为了不影响集体行动，我不得不躺在船头，用帽子遮盖住头部，在阳光下尽量让自己进入梦乡。吃晕船药已经来不及了，我在昏睡中隐约听到男人们欢呼雀跃自己有鱼上钩了。自那日起我就不经常出海，守在岸边看海。

每天早上十点左右，待第一批早钓渔人回归，我便守在案边静观人家洗鱼，石斑鱼、三文鱼、大麻哈鱼、比目鱼应有尽有。我只要说几句客套话，请求人家将鱼头鱼骨丢到我的小桶里。渔夫们很乐意，都会客气地说："很高兴与你们分享大海。"

说得多好呀，分享大海。

十几只海鸥在脚下的岸上跳来跳去，拍打着翅膀相互抢食，又突然落入水面，呱呱呱地唱着歌儿。

有一年碰巧赶上比目鱼渔季，我又围观洗鱼，有一对挪威后裔父子钓上来一条四十磅重的比目鱼，合力抬上洗鱼台。大鱼被美丽地平躺在案子上银光闪烁，那精干利落的年轻父亲左右对着鱼拍完照，从刀鞘里潇洒地抽出锋利的刀子，庖丁解牛般熟练自如地分割起鱼来。只见鱼鳞翻飞，斜切颈部并一手压住头骨，另一手持利刀沿着主骨一泻千里骨肉分离，顿时鱼肉翻白如白玉，五脏泻流如盘沙。儿子持水龙头不停地冲洗着鱼案上的鲜血，那一大串儿五颜六色的内脏顺着水槽光滑地溜到桌下的海水里，惹得一群海鸥蜂拥而来，抢着叼一口美食，拍打着翅膀飞来飞去。

一聊才知他儿子只有十二岁，这次是第一次随父出海。我表扬小家伙能干、勇敢，有眼力劲儿，是个男子汉。孩子面带羞色地说起与父亲钓比目鱼的惊险过程，仿佛他们经历了一场战斗。这次光切下来的鱼头都有五磅多重，送给了我。当鱼头被扔进桶里时，我仿佛听到了鱼的一声长长的叹息。回家后我们用电锯锯开鱼头，一分为四而烹之。老美永远都体会不到鱼头汤的滋味儿。

聚餐后的时光属于女生，沿着惊涛拍岸的海滩去捡石头是儿时梦想，如今才实现，有种迟来的稀罕。那些被海水冲洗过的美丽石头，或晶莹透剔、或圆润饱满，仿佛有了生命。我试图忘却年龄，希望时光永驻。绿色码头走廊仿佛是飞机跑道儿，我就是那即将飞翔的滑翔机。

05-27-2023
刊于"世界日报"副刊

洋土豪失魂记

"土豪"的含义在没有被推陈出新之前,我们的主人公在我的视线里就已经出现了。那是很久以前的事,如今想来他的确属于"土豪"系列。

那年,我家住在西雅图东区的 Bellevue 市一个半山腰,邻里密居于路两边儿,一条很陡的水泥路蜿蜒而上,这条路便是通往每家的主干道,主干道沿着坡儿再向上走,走到头儿的时候被几家豪宅挡住了。

早在路口就有牌子写着"End is dead",或许应了"无限风光在远峰"的道理,大部分豪宅之所以豪也就是因为有景,所以,这个区的豪宅大都分布于路段尽头,也就是坡儿的最高处,可以望见高山流水的地方。当然这完全是相对而言的。

土豪的名字我不知道,但他是洋人,所以我称他为洋土豪。

他家座落于路尽头儿左边,三层白色洋房,他曾经以二百万美金买到手。十几年前的二百万可不是个小数目,那时候的汽油只有一点五美金一加仑,况且这么大个 house 就只住着土豪和他儿子两个男人。

沿着坡路,大院里住了几十户,干什么的都有,退休的,开飞机的,做生意的,开幼儿园的,开餐馆的;韩国人,中国人,日本人,白人,老墨,印度人;

单身汉的，同性恋的，祖宗三代的，小夫妻的，单亲带孩子的，老夫老妻的，可谓一个不大不小的联合国世界。

每当晚餐时分，各种不同的食物香味儿会沿着这条坡路在空中缭绕。如果鼻子好的，会闻出各种不同的料理正在每家的餐桌上炫耀着自己的美味。

我们家客厅的大窗子正对着路的中央，像是个分界线，从我家的左方向坡上数起，一家房子比一家豪华，house 的颜色大地都是白和灰色，花园草地都收拾的分外妖娆，远看就是干净神秘，典雅大方。

再向右边坡下看去，就逊色不少，车都大多停在路边，没有车库，房子老了些，颜色也略显混杂，甚至有人将房子染成粉色，将车库改成房间出租出去。还有成群的孩子在路边玩耍，院子里的草地也许久没有打理了，呲牙裂嘴。

这条共用的路上时常有一辆黄色的跑车呼啸而过。"轰"地一声，因为是爬坡儿，那油门儿踩得太狠，太猛，仿佛要将油门板踩出跑车底盘。跑车天天有那么一股子劲儿呼啸而来，又呼啸而去，长长的余音一次次划破天空。跑车也有温柔的时候，夏日的周末，我们会常常看到黄色的敞篷跑车上坐着一位长发飘逸的女郎，脖子上围的和跑车呼应的黄色围巾随风飘起，富豪男有时还会温柔地吻着他的女人。他们所有行进中的举指在那一瞬间就像电影里的慢镜头，我们尽收眼底。

太浪漫了，不知道这一幕吸引了多少双从不同的窗户里射出的目光，实际上只有这时候我们才看得清富豪的真面目。他，四十左右，灰色短发，有一点点谢顶，高鼻大眼，常穿艳色T shirt。这只是他留给我的第一印象，而这第一印象也是隔窗远眺而来。

不多久，呼啸而过的跑车换成了大红色的，还是同样的频率轰轰驶过人们的视线。夏天来的时候，红色跑车又温柔地从眼皮子底下驶过，女主角换了人，是一位漂亮的亚裔姑娘，同样是长发飘逸，估计他只喜欢长发女人。

秋天来临的时候，院子里的红叶挂满枝头，因为细雨绵绵，各家草坪依然绿葱葱地展现于你的眼前，蒲公英的青黄花点缀着灰蒙蒙的天。

坡上时时飘来阵阵萨克斯的声音，"going home"的乐曲飘然而来……，有人说，是他在吹。原来，大款还多才多艺。还有人讲，富豪的房子在我们院子里是数最贵最好的，他是微软工程师，微软的股票那年见长，所有持有微软股票的人都暴富了，他换个女人就换辆车，似乎是一件很容易的事情。又一年，他十八岁的儿子开了一辆白色跑车也呼啸而过，旁边坐着儿子的小女朋友，也是长发飘逸。

从没有接近他家的机会。我散步的时候就专门往坡儿上走，只看得见他家是被黑色金属栏杆包围着，铁门冷冷地将豪宅与我们隔离了。看得见蓝色水的游泳池，还有凉台上的 Spa。有两条长毛狗趴在栏杆下朝外嗷嗷叫着……

有一年的春天，整整一个季度，他雇了五六个粗壮的老墨，重新改造他家的院子。挖去所有的植物，铲了草皮，一车车往进运着不同的树苗和大石头，待孩子们放暑假的时候，他们家的工程终告段落。

有一次，我追着女儿骑自行车活动时来到坡儿上面。呈现在眼前的是绿葱葱的园林，少了些花朵。听园林工讲，主人嫌花开花落太凌乱，才只种些绿色植物。这片林子也是我们整个院子里最美的景区，也是唯一没有被围起来的富豪财产。

大兴土木后，他向所有的近邻发了邀请，Open House。我欣喜若狂。我和我先生怀着好奇心，提着一瓶法国红酒，穿戴整齐地迈进豪宅。

根本不用按门铃，铁门敞开着，有位女郎穿着黑色礼裙，领口很低，透出半个胸，嘴唇血红地笑迎每位客人。

同时走进大门的人很多，你用不着打招呼或报大名，只需将礼物放在进门的长桌上，或者您根本不用带任何礼物，只需在设计精致及镶有蕾丝边儿的签名簿上写下自己的名字即可。我和先生商量了一下，礼貌地写下了我们的门牌号，没留名。谁知道你是谁，又管你是谁。

进门的门廊中，十米高的屋顶上垂掉下一顶琉璃华灯，晶莹剔透的灯下簇拥着手持高脚杯的华丽男女，都穿着晚礼服，欢歌笑语。屋里的中央音响播放着柴科夫斯基的圆舞曲，高贵地陪衬着这夜色里的灯红酒绿。就连拐角楼梯上也上上下下簇拥了很多人，我们觉得自己有点与这里格格不入。

从来客的穿戴上可以分辨出人群的来源：邻居大都穿着随便，只是来看看这豪宅的摆设，顺便见见这位主人邻居，打个招呼；而那些穿着礼服的帅哥美女都来自这院子以外，都是主人的同事朋友，显得分外隆重，心情或许更加愉悦。

客厅里除了有一张西式长条古铜色木桌，几把同类高背椅子外，就是几尊雕塑，大都是女子半身裸体，尤其引人注目的是迎面白墙上并排挂着四副镶金框的油画，依次都是女人不同姿态的裸体画，画的背景是黑红色的，张显着女人性感的躯体，美不胜收。

我心想，除了在画展上可以看到如此袒露的画作，谁家里还会挂这样的作品？也足以体现主人的心态。这栋没有女主人的豪宅里充满了雄性的渴望和向往，渴望着一位美丽的女主人加入。

二楼的主卧室静中有动，黑色雕花高靠背 King 床架，纯白色的床上用品显得干净利落，墙上依然挂了两幅同系列的女性裸画，女人们都面对着我们朝一个方向踢着一条光腿，唤之欲出，生动可人。

楼梯上的拐角台就像罗浮宫的画展台一样，凹进去的墙里镶着女人的上半身铜雕，两只丰满的乳房努力凸显，在从台顶上向下打着追光灯的照耀下格外引人注目，上下楼梯的人们眼光都投向那里，流连忘返。

临走时我到他们新建的园林看了看，少了些花，树苗间隔得很近。我对先生说："这树苗长大后可不得了，非挤到一起，没有空间。"

我先生说："他们再雇人来拔呗，不是我们操心的范围。" 我觉得我老公的语气该不会有些吃不到葡萄说葡萄酸的感觉吧，哈哈哈。

唯美唯仑的豪宅充满了神秘色彩，男主人是主角，虽然到处充满了对异性的渴望，但还是缺少个女主人。又听说，他只恋爱不结婚，就因为头次失败的婚姻财产被分掉了一半。这些消息都是从邻居间传开来的，是真是假都不确切。

自从到此一游，大家对院子里的头号富豪没有了神秘感，不就是个有儿子的钻石王老五呗。我的话也有些酸。

如今想想，他有些象人们口中所传的"土豪"，发生在这里，便是洋土豪。

没多久，过来过去的跑车还是红色的，里面没了女人。估计没有不想结婚的女人吧，谁又愿意把青春搭进去呢，现在的姑娘不是那么好骗的。东西方美女都一个想法。

那年，美国国庆节的夜晚，有几部警车造访了豪宅，男主人没了，没多久房子就被他儿子贱卖了。

听说男主人有一天晚上独自饮酒太多，加上吸了大麻，人还同时泡在 SPA 里享受。儿子也不在家，男主人便淹在水里，一命呜呼。从此，洋土豪失魂了……

有人说，富裕的人并不一定会幸福，如果不珍惜自己，有时会被金钱作死。你说是吗？

(几天前，我们开车到住过的地方绕了一圈，发现原来所谓的豪宅也不显得那么豪了，周围的邻居都换了人家，居民更加繁杂，真正成了一个名副其实的大杂院。过去的一切都已是过眼云烟，回忆过去也就是对自己移民生活的总结)

03-2010

王子城修车记

手机闹钟六点一响，我便翻了个身睡眼惺忪，在枕头上摸找着自己的眼镜，记起自己还睡在窄小的房车里。车停在加拿大乔治王子城（Prince George）冰球运动场外过了一夜，真不知道外面的世界怎么样了，我拉起床头的小窗帘儿把脸贴到玻璃上往外望，天色已经泛亮，远山剪影树荫婆娑，安静的建筑物们杵在马路对面还没睡醒似的，连一个人影都看不到。

旅途中在一座路过的城市已经滞留了一天一夜，我略感焦躁。对开车旅行者来说车坏了就如同鸟儿折断了翅膀，鱼儿离开了海洋。说实话，我欲哭无泪，因为烦恼铺天盖地来得太突然，不容我们有任何舒缓的思考余地。

"房车水泵慢渗水，估计得要换个新水泵才工作"我先生语气沉重地叹了口气。

"你不是说出来前已经检查了车况，电瓶工作正常，还清洗了涡轮增压器及主要部件嘛"我哪壶不开提哪壶。女人对车一窍不通似乎成为天然理由，我开车除了加油，其它事宜都由老公负责，就像很久以前在中国骑自行车上班，父亲负责修车擦车一样。车坏了我的担心显得空洞无力。

"问题是车不到路上跑，又咋能发现问题呢？"他嘟囔了一句，的确世事难料。我想起几年前我们开着这辆车驰骋北美三十天，一直开到魁北克也一点儿问题都没有。那年，我们的车跑得那么欢，美丽的枫叶飘在车后追寻着浪漫。

我在车上洗簌、吃完早饭后外面的世界正在苏醒，这座只有几万人城市的主路上已经有卡车及摩托狂飙，摩托声嘟嘟四起，一辆辆卡车瞪着两只大眼睛急嗖嗖地奔来奔去。这城里居民开卡车的真多，空气中有一股子柴油味儿飘来飘去，几只乌鸦为了路边那一点残羹烂食呱呱呱地抢着，一对灰色野鹿静悄悄在路边吃着草，有一只小黑熊被卡车吓得从我们车前跑过，消失在路边的森林里去了。

乡野城镇就是性子野，到处都散发着粗犷的气息，有种别样的大自然和谐共处的浪漫格调，我耳边仿佛响起赵忠祥老师那浑厚低沉的动物世界配乐之音。

用刚烧的开水冲一杯咖啡，望着袅袅升起的热气我沉思着。阴沉沉的天空突然狂下起一阵子大雨点儿，噼里啪啦地打在车顶，前面的车窗顿时一清二楚。

我先生望着窗外说："真好，这雨下得太及时，车跑了上千公里，前挡玻璃上全是虫尸鸟屎，雨把途尘死虫冲洗一下正好，也不知道为啥这加拿大路上这么多飞虫。"仿佛大雨暂时把我们的烦恼一起冲刷进地沟里去了。

瓢泼大雨就像失恋的姑娘大哭一场似的，几分钟后竟雨过天晴。雨丝扭扭捏捏，大地拖泥带水。

我们小心翼翼地开着随时都会出现问题的房车跑遍了城里的修车铺，车行里修车的预约都溢出来了，仿佛这城里的居民们除了吃饭就是去修车，预约修车有的要排一个月，最快的也是五天以后，真格儿是天方夜谭，我还真小看了这里的经济。难道我们二十天的假期就被搁在这儿了？真让人有些失望！

我俩如热锅上的蚂蚁，找了无数家店铺碰了无数次鼻灰，心灰意冷了一整天。这里车行周末不上班，不加班，预约取消更是不可能发生的事呢。其间，有位小修车店的师傅泰勒没能力接收我们的大车，又看我们大老远从西雅图来对这里一无所知，就主动帮忙打电话询问沿街各家修车铺，看有没有修车机会，最终也是徒劳；还有怕我们外地人找不着地儿竟主动开车引路的供应商肯特，开个白色卡车带着我们满世界跑，都充满了加拿大人的热情。值得一提的是泰勒还提醒我们说："千万不要买了零件找修车店，人家都是要赚零件钱的，不会用你买的零件，买了也是白花钱。"我们如雷贯耳，第一次听人这么讲，觉得自己太天真了。

不是大家都说，加拿大不像资本主义吗？可商人毕竟是商人。我们还多次走到过几家汽车零件店门口，想起泰勒的嘱咐又望而却步。或许是上天让我们止步于此给我们以考验，我对先生说："你是 HandyMan（动手能力强的人）为什么不 Handy 一下，靠别人不如靠自己"我用眼神鼓舞着他。

打定主意后我们开始满城搜寻型号匹配的水泵，

城里最大的汽车零件店说没货，可那位老店员以其专业的服务打电话到附近的连锁店询问，电话套电话，等待与忐忑不安随着时间的流逝陪伴着我们。二十分钟后终于如愿以偿，让我们到城北的库房一手交钱一手提货。

他抱着全城找到的唯一一台奔驰 Sprinter3500 的新水泵如获至宝，心中笃定。从来没有换过水泵，这么大的工程随身携带的工具也不够，面临的问题比勇气还大。

望着陌生的城市，怀抱机器举目无亲，我们机智地将车停到了 Home deport 及 Canadian tire 工具店之间的既方便买工具又可以上网的一个角落，开始实施修车计划。

打开 iPad，一边看 YouTube 一边操作。因为美国用英制，加拿大用公制，录像里的工具号码与店里卖的都对不上号，他换上工作服，就这样那样捣鼓比试，穿行于商店与车之间，我跟在他身后成为名符其实的小工。奔驰车机器德国人设计得既繁杂拥挤又严丝合缝，仿佛认定他们设计的车可以用一百年，永不会坏，极不方便拆卸。相比日本车的设计就聪明很多，零件排比合理，拆卸方便。

那台旧水泵被挤在最里面，难怪被挤出了水，我想水泵如同人的肾，起过滤作用吧。胡诌乱道几句，我们还是要按顺序把车里的零件一件一件往下卸，我们谨小慎微如数家珍，螺丝螺帽一样都不可乱放，全是原配呀。搞了个大纸箱拆开来平摊地下，将卸下的零件按顺序一一排列放好，以便完好无损地安装回去。

感谢老天爷雨过天晴阳光灿烂，给了个良好的修车环境。Home deport 开叉车的工人也理解地鼓励我们说："尽管停在这里修吧，我会向经理报告的"。

温暖的阳光像追光灯一般照在我们头顶，照到每一件我们取下来的螺丝钉上，我们的专注度成倍增加，眼睛死死地盯着每个螺丝螺帽上。这时，有一穿着新皮衣皮裤骑摩托的白人帅小伙"轰隆"一声停到我们面前，说自己是 handyman，要不要帮忙。我先生说自己也是 handyman，并婉言谢绝了小伙儿，真不想耗费陌生人的热情。估计加拿大人人高马大，没人相信我先生会是 handyman 吧。那人很热心，听说我们从西雅图来要到阿拉斯加去，就叮嘱我们说："阿拉斯加蚊子厉害，不要忘记带些蚊香、喷蚊剂之类，免得被蚊子咬"，着实让人暖心。

因没有带大扳子，卡在机器里的发动机风扇很难卸掉，我们一招手，一位开卡车买料的小伙子过来一看，马上从自己车里工具箱拿出个大扳子，三下两除二搞定。他还提醒我们安装所有零件时螺丝不能上太紧，会热胀冷缩；每次罐涡轮水时要给个时间差让空气出来，以免里面有气压，会造成漏水等等经验之谈。我们啧啧称赞这城里的人都非常热情善良。他讲，小镇人少空间大，比较容易谦让吧。听我们从美国华盛顿州来，说附近有个加拿大风味的餐馆不错可以试试。小城民风淳朴，感人至深。

直到中午，所有包裹着的零件像剥洋葱一样被我们一件件拆开来，旧水泵被卸了下来，就要开始装新水泵了，我先生举着它说："快给这位老先生照张相，退休了留个念吧"，一切都向着顺利的目标前行。我捧着那只银灰色崭新的水泵就像捧着一个 baby，对它充满了无限期待。

　　望着每个零件的衔接处所用的不一样的奇奇怪怪的螺丝钉我感慨万分，上帝赋予螺丝发明者古希腊数学家阿基米德以智慧，让这些机器得以 team work。人类又何尝不是如此呢，我们每个人都是一颗社会的螺丝钉，让世界运转升华。

　　又有一辆摩托车弯转而来，是住在附近的一位居民大叔。他看我们在附近忙得不可开交，就凑过来问要不要搭把手，我们说已经接近尾声了，再次谢绝了热心的陌生人。那天引路的肯特开着白卡车回家路过这里，他又过来问寒问暖。这里的居民都太热情了，让人感觉加拿大男人都有股子男子汉气概与实在劲儿。

　　车前盖儿"嘭"的一声被盖住，发动机启动的声音那么悦耳响亮，就像吹响了出发的号角，我们带着加拿大人的热忱又踏上了开往阿拉斯加的旅程。

　　修车是经历，人生多奇迹。

10-7-2023

重逢的酸楚

疫情四年未见父母。

三月十五日从美国回中国旧十年签证重新启用，我们当晚即订机票，二十号乘飞机，三十六小时后几经周折抵达西安，甚是困顿。

车窗外的城市早已面目全非，浮尘灼阳，东南西北的老路及亭台楼阁已被高楼林立所包围，路两边店铺密集，人声鼎沸。各种车辆看似搅成一锅粥，可每辆车却乱中有序，司机游刃有余，如鱼得水，看得我既眼花缭乱又不可思议，我啧啧称奇并感慨，城里的每位司机都是驾驶高手，我自愧不如呀。

穿过已经不再熟悉的大街小巷，咚咚咚我敲响了自家小门。

隔着门板听到妈妈在门里问："这么晚了是谁呀？"，然后门被拉开个小缝儿。一霎那，母亲望着眼前的女儿们愣住了，她惊讶得张着嘴几乎要喊出声来。

只见父亲戴个老花镜从椅子上缓缓站起，一手扶着眼镜，望着面前四年未见的我们缓缓问了声："是谁呀，看着咋这么眼熟呢？"八十九岁的老爸晚饭时像似喝了点儿酒有些昏昏欲睡，他确实有些老眼昏花了，加之我们在微信里一直告诉他们，等下半年机票便宜些再回来，父母压根儿没有料到女儿们会从天而降地站在他们眼前。

我们就是想要给父母一个惊喜，一种四年未见之浓缩的爱的涌动，一件特殊的礼物。

老妈在一旁对我爸喊起来："你个老糊涂，咋连自己的女子都认不出来了！"我爸这才恍然大悟地说："哎呀，这是水仙和文歌么，你这俩女子，回家也不提前说一声，打个招呼。"他还是那一口秦腔，声音依然那么洪亮，听起来倍感亲切。

我和妹妹一下子把父母揽到怀里，四人抱成一团，已是热泪盈眶。我脑海里突然又闪现出几十年前自己在火车站即将离开西安要出国的情景，父亲在火车站一边低头搬行李一边对我嘟囔着："你长这么大还从来没有离开过家，这次走后也不知道啥时候才能回来，如果美国不好了就回来。"那时我面对着父亲，两人早已是泪流满面，父亲也是第一次当我面哭，当年的父亲精神矍铄，如今已是……。

我禁不住思绪万千，就觉得生活是不可以拿时间来衡量的，那所有生活琐碎细节就像人身体里的成千上万条细小血管般把氧气运输到每个人的一生，给人生以力量。

与父母在一起的经典生活片段一幕幕地在脑海里像过电影一样闪现，如果我们不长大他们也不会老去。如今我们也要变老，可在父母面前，我还以为自己是个孩子，把自己已为人母的现实早就抛到了脑后，幻觉里自己还是当年那个背着书包的女学生。

回来第一周有天晚上，我与妹妹一起参加发小聚会，晚上十二点才结束，老父亲竟站在大门口足足等了我们四十分钟，他还是像当年一样训斥着我们："你俩也太疯了，哪有女娃儿回来这么晚的。"

听到他老人家训斥时我有些想笑，此刻我们都已经年过半百，怎能又回到了当年十七八岁的时候。看着父亲一脸焦急的样子我内心确实有些愧疚，我们一左一右地搀扶着父亲的胳膊赶紧向他老人家道歉。那一刻真得还有一种难以名状的幸福感，仿佛时间又倒退到几十年前，真希望青春再现呀。

黎明，滴滴答答的雨声跌落在窗外的灰色瓦片上，眼前楼下是一排低矮的平房，有人把过期的饼干扔到房顶，一对鸽子咕咕咕地在瓦片上边吃边调情。我趴在凉台的窗子上隔着一条条铁栏杆儿看着雪白的鸽子，耳边突然响起优雅的小提琴曲，还有谁家低沉的男中音在练嗓子，远处还传来附近学校喇叭里喊早操的"一二一"的声音。思维的穿越是毫无疑问而又不经意的，同样的事物发生在不同时期，我仿佛又要背起书包拿个冷馒头上学校去了，路上还看到年轻时的父亲骑着单车去上班，一手扶车把子，一手抓根儿油条吃着，飞扬的白衬衫被风吹起，高高的飘着。恍惚中我得以穿越，有种无尚幸福之感。

这栋文艺界的老楼依然如同二十几年前一样在新

世界的高楼大厦中挣扎着。都说这旧楼迟早要拆迁，可二十几年过去了依然是个传说，我父母就在等待中一如既往地慢节奏地生活着。

我与妹妹回国探亲尤如候鸟归巢，与二老挤在一起，还住在出国前睡过的小房间，床还是南北向，就连小时候用过的小板凳还架在凉台的一个角落，我问父亲这么久了还留着干啥，他说有时候垫个脚到高处取个东西方便，到底是物尽其用了。细一想，自己连个凳子都不如，竟不能常陪在父母身边，每次都是匆匆而来，又匆匆而去，尤如过客。

刚回家的第一周，因时差反应，早上两三点就醒了，躺在床上翻来覆去睡不着。我和妹干脆一大早四点钟就开始收拾父母的房间，翻箱倒柜，擦洗床底下的柜子，把里面的东西一一检查清理，没用的统统连夜清除出屋。陈年旧物趁父母没起床被我们姐俩儿一一扔掉，第二天又被父亲训了一顿，说有些东西是要存着送人，有些是纪念品，埋怨我们扔得太快太多。东西都扔了骂也没用，可还是有些后悔，仿佛扔掉了父亲的部分人生。事后与朋友谈起这些，他们都感同身受，觉得替父母整理东西就是一场革命。想到如果要扔了我以为太旧了的父亲常用的那个切菜木墩儿，估计会要了他老人家的命。

"没有乱买各种营养品就不错了！"朋友电话里谈起自己父母在各种推销员的鼓动下购买了大量的所谓营养品，大盒小盒塞满了屋柜，实在没有办法。我心想，父亲花钱上比较仔细，没有机会上这个当也就有些欣慰。

一周后在与父母不断的斗争中取舍得当，他们的小屋被我们姊妹俩收拾得窗明几净，井然有序。

回国前我们想着带父母到外面走走吃吃他们喜欢的食物，可老父亲把持着厨房不是蒸包子就是蒸花卷儿，根本没有机会出去吃饭。第一天还用一捆葱绿的菠菜为我们做了世界上最好吃最可口的油泼辣子菠菜面，那颜色那味道儿是举世无双的，就是小时候的味道儿。母亲做好的红烧肉香气扑鼻，我揭开锅盖儿捏了一块儿塞到嘴里，有种回归童年的感觉。还有妈妈做的粳糕，卤面都是我食谱里的最爱。

原想改变他们的生活，却被他们改变了我们。从生活的细节及习惯，都不折不扣地坚守着他们自己几十年来的原则，严丝合缝，就像一个堡垒，攻也攻不进去。最终，我们放弃了原来的计划，顺从父母回归原有的日子。一个月下来我明白了个道理，顺从也是尊重，尊重就是孝顺。

父母在中美之间跑了七年，实在跑不动了，疫情前回国，其间也回不去美国，最后就毅然选择了在老家西安养老。因我们三个子女都安家在外，造成父母成为留守老人。看着父母逐渐衰老的身影，我们都暗自下定决心，当他们需要的时候，我们会立刻飞回到他们身边。

离开西安的那天真得很难,重逢既高兴又酸楚。

06-2023

旁听者

初秋傍晚的微凉也是劫后余生，加拿大北方的小镇分明是日温差在四十度以上，中午九十多度，热火朝天。我们路过这里，坐在镇上唯一Walmart的门口连上网带歇脚又补货，三全齐美。然而节外生枝。

店内铁质靠背长椅为四人座儿，我与老公坐到右面靠门口处，左面一头儿正坐着一位看上去七旬的老人。他脚下放着一只蓝色Walmart特制的购物编织袋，张着口儿，里面装着面包、起司、生菜、洋葱、及支棱到外面的一根大芹菜。沉默不语的白人大叔双手摊放在圆肚子下的腿根儿，双腿因肚子太大而撇开，脚下光脚穿双黑色凉拖鞋，短裤圆领套头半截袖，面色通红，平头下的抬头纹尤其明显，打眼一看他就做过出过大力的体力活儿，吃起司伯格过活儿的。

因为我们守个门口，出出进进的人群熙熙攘攘，自动门忽开忽关，头顶的冷气呼呼地吹，让我觉得这个地方非常有人气。没多久老头子仿佛如梦初醒，与过来过去的人打开招呼，仿佛这镇上的人都知己知彼，很是熟络，显著特别有人情味儿，这是在西雅图公共场所所没有体会到过的。

我也忘记自己是来上网的，手里拿个手机开始旁听老人们的对话。这时有个干瘦整洁个子中等的老者止步攀聊，他与坐在左边的圆肚老人相互问候。"您怎么样了，事情办得如何，杰瑞？"胖老头问，"还好，您知道我与妻子结婚都六十年了……"只见瘦老头眼泪夺眶而出。两人沉默了几秒钟，胖老头儿站起身拍拍杰瑞的肩膀又说："我与妻子也结婚四十五年了，这不，去年她离我而去，撒手剩我一人。"接下去又是沉默。之后的对话我没听清楚，因为又有第三者插入。

他是商店门口推车的老头儿，一位灰白头发，蓝眼睛的健壮老人。他一边接过瘦老头手里的空车，一边检查着几位刚出店人的发票。因为零元购的猖狂，一年损失几百万的 Walmart 现在也像 Costco 一样门口堵个人检查发票，还检查大背包。推车人凑过来与那俩老头儿攀上话头儿，他问："你们怎么样了，最近没见了"仿佛他跟所有人都熟。也难怪，这里是方圆几百里唯一的 Walmart，有的人开着大卡车来这里购一车的货，我以为他们开 party 用，其实不然，一问是一月来一次，要开两小时路呢。两万多人的城镇，建立熟人关系并不难。

那位干瘦单薄的老人刚走，大肚老头看我听得稀奇，扭头就对我说："这人叫杰瑞，老婆刚下葬两天，这几天他正在完成一些 paper work"，他是说政府要求的表格，例如办理死亡证书之类。我问："他为啥到商店没有买任何东西，推了个空车，拿了个空袋子走了。"大肚老头儿说："老婆刚死，他自己还脑子糊涂着，也不知道自己要干啥呢，他应该写个购物单。我也是过来人，一年前和他一个熊样儿。"听他讲到这里我心中顿时泛起一种对这些老人们的同情与心痛，更加坚定了珍惜每一天的生活信念，觉得我们这趟阿拉斯加之行是太值得了。

老头又接着介绍说:"杰瑞不简单,退休前是我们镇上的飞行员,这里的每一座山头他都了如指掌,清清楚楚。我退休前在木材加工厂做叉车工,也在公路公司开过采石车,都是十年前的事喽。我女儿住东部,儿子住加州,我有六个孙子。我哪儿也不去,不喜欢住公寓,就喜欢自己的圆木房。"从小出生在这镇上的老先生话里有种坚定,仿佛在说,我生是这里的人,死是这里的鬼。

那推车老头儿也凑过来说:"我在这店里才干了一年零九天,哈哈,我很喜欢,热闹。从卡车公司退休后我在家就呆了一年,实在受不了闲着没事干,就出来找了这份工作。今年我都七十二岁了。""您看上去比实际年龄年轻。"我恭维他一句,他眉开眼笑地说:"人家都这么说来着"。接着我又把旁边坐着的大肚叔也鼓励一番:"你也看上去不老,显年轻。"大叔也眉开眼笑了。

在医院工作,常与老年人打交道,说些高兴的话让他们开心是我的本分,谁都有老的时候。

胖大叔问我:"你俩看样子不像本地人",我笑笑指着停车场远处的旅行车说:"从西雅图来,路过添菜,顺便上上网,准备过夜。这儿让过夜吗?"推车大叔笑着说:"随便停,随便过,没人赶。每天都有房车来这里,买东西都是买一大堆,哪能不让过夜。"仿佛他司空见惯了,讲起话来便顺理成章,真是个好回答，我就喜欢随便停。

晚饭后我们又回来坐到原来的椅子上上网，旁边换了位涂脂抹粉的菲律宾裔女人，笑眯眯的，看上去有七十来岁，下身穿一件红花紧身呢绒裤，上身套件黑花长袖夹克衫，上下花色明显不搭配，一看就知道出门前随便拉了件上衣。她看看我觉得不是谈话对象，便开始左顾右盼，坐立不安。

突然见一位看上去像本地印地安族裔的男士正推个车往外走，车里装的都是饮料，女人拉着他坐下，一看就是遇到了熟人。她喃喃低语："嘿，又遇到你了，你知道吧，今天早上我来过一趟这里想买东西，可有个白人老头，就是那个长发 Peter，三街的那位，他在店里跟踪我，跟我搭腔，想跟我回家说说话，我没搭理他，就啥也没买赶快回家了。这不，又回来买东西了。"印第安男人笑笑说："那老 Peter 没了老婆，感到寂寞了吧。"

"我才不想搭理他呢，我那死老头子地下有灵跑出来非揍我不可。"我在旁边一听就想笑，可又不敢笑。心想，您都徐娘半老了还想什么呐，就觉得菲律宾文化与中国文化也有相似之处。其实，这女人也是孤独，表面上是说有老男人追她，实际上讲给熟人听也是在炫耀自己还有那么一点点魅力不是？

加拿大老人与美国老人又有什么区别呢，人老了就怕孤独，在这小镇里还不知道有多少孤独的灵魂正在煎熬着，他们又以什么样的形式排解寂寞？想想人多的中国城市，老年人还是有福。人总是要老的，而另一半会离你而去，或你先行于老伴儿而去，这都是不争的事实，每个人都要有勇气面对。游轮，旅行车，候鸟群，业余爱好，再从业者都是排解寂寞的办法。

在旅行路中偶然做了一回旁听者，便是节外生枝，枝枝头上开满花。

08-2023
刊登于《世界日报》副刊

一路向西

飞机一到凤凰城，我们就叫了 Uber（优步），等了没五分钟就有一部奔驰车嗖地一下停到我们面前。

我先生说："竟然有人用奔驰拉人。"

我在旁边也加油添醋："能开得起奔驰还干这活儿！"

转眼间车门打开，一位身穿蓝色西服，头发梳理整齐，文质彬彬的白人老者走出驾驶门，他面带微笑一边与我们打着招呼一边小跑着打开后备箱，并帮忙提放行李箱。

寒暄几句后，我用几秒钟仔细端详着眼前的司机，他看上去六十五到七十岁之间，面容温和，身材中等，脚下还蹬一双擦得锃亮的黑皮鞋。我有些想笑，并怀疑自己的眼睛，觉得眼前的司机根本就不像个优步司机。我们打开车门坐上小车，车里干净得要命，皮质座椅擦得光光亮亮，脚下的黑塑胶垫子一尘不染，车里还有一股子酒精清洁剂味儿。

"都坐好了吧，系上安全带，我们走了。"司机乐呵呵地一踩油门上路了。

从侧面望去，他微笑的面庞给人一种好老头儿的印象，我开口搭话："先生，您的车既干净又崭新，连味道儿都清爽。"我突然想起以前坐过的优步车里不是一股子烟味儿就是狗骚味儿，司机也基本是急急慌慌，一脸苦大仇深的劳碌奔波神情。

我以职业的敏感度来揣测司机："您以前是从事医务行业或领导工作的吧，您看起来根本就不像个司机。"他哈哈大笑："从哪里看出来我不像个司机？我可有五十多年的车龄咯。"从侧面看他开车的样子还真有些优雅与自信的气质。

"没人用这么好的车当客车吧"我的言外之意，就是说能开得起奔驰车的人还用出来做司机吗？他笑着说："我叫 Peter，半年前刚从纽约一家食品公司 CEO 位子上退下来，搬来亚利桑那也没多久。"

他的话让我颇感兴趣，一位大公司的退休 CEO，应该不愁吃喝，还干起这个营生。

司机乐呵呵地说："我出来开车就是打发时间，不多，一周只开三天，一天五六小时。我和妻子在纽约都退了休，孩子也成家立业了，从纽约搬来是为离孙子们近些，方便经常走动。"

他停顿一下又说："我们从纽约搬来凤凰城，一开始还觉得退休生活轻松自由，可时间长了两人就不习惯这太悠闲的日子。过去各忙各的，每天很晚下班，一见面还有新鲜感，现在两人都退了休，也老了，低头不见抬头见，整天面对面黏在一起还真不习惯了，难免有些摩擦，开始经常吵架了。我太太是个女强人，最近又在医院找了 part-time 工作。她是一位儿科大夫，她说人永远不能闲着，看我整天在家里闲转就希望我也找个事情做，这样才显得平衡。这不，为了太太的心理平衡我脑洞大开，自己除了有当领导的特长外唯一就是有几十年的开车技术，开优步既可以打发时间又有人聊天，还不会寂寞，实在是个不错的选项，哈哈哈。"

听着 Peter 轻松幽默的谈话，望着车窗外闪过的热带植物，想象着我自己以后要退休的日子，觉得他讲得不无道理。我思绪万千，突然想起一位朋友说过，每当夫妻俩快要吵架的时刻你就马上对对方说：I love you，顿时会化解一场战争。

自己会不会提前退休呢？我似乎有点退休恐惧症了，一种特别的忧虑如影随行。

当汽车下了高速公路，向西开的时候，发现太阳落下的高度恰好让阳光直射在司机脸上。

一路向西是家的地方，其实每个人的人生轨迹都差不多，从别人那里看到的经验或许自己用起来也很方便。我似乎忘了自己的年龄，忘了一切，以为还有大把的时间可以去忍受，去抱怨。这个世界上没有可怕的事情，只要你自己努力。

01-7-23

适者生存
——在彭塔雷纳斯巧遇中国人

如果不是坐游轮,估计这辈子也不会有机会与理由来到哥斯达黎加的彭塔雷纳斯港,这也是游轮的魅力之一,会带你来到意想不到的地方。

在街道的橱窗里拍下的这张照片是那样无与伦比,仿佛打开两扇窗户就可以触手可及这座美丽半岛。从空中俯瞰,这是一座美丽的半岛城市,可当你实际脚踏在半岛的土地上,看着陈旧的街道,慵懒的行人,以及关闭的商街时,你马上会觉得政府的管理并没有给这座美丽城市的发展添砖加瓦,有种浪费了优良资源的感觉!

码头一般是海城的脸面,也是政府努力布置得最完美的地方。起初,我们从浩瀚的海洋一路过来,缓缓走下游轮,能踏上名不见经传的小国哥斯达黎加,我激动的心情难以平复。

出了码头,看到一片空地上的公共露天摆摊儿市场,十几个摊儿位连在一起,卖的都是些旅游产品,塑料的挂饰、及一些海产串成的妇女饰品。说实话,虽然在阳光下摊儿上的饰物熠熠生辉,可并没有任何吸引力,游客里只有几个老太太在那里左右翻看,最后还是扬长而去。

我突然想起段子里的一句话:你走到哪里一时高

兴，就买一大堆劣质旅游产品，回家后马上会觉得毫无意义，然后会摆到你家车库 yard sale。

半岛上椰树摇曳，海风在炙热的阳光下吹拂着干涩的土路。街道凹凸不平，有几条毛发稀疏的瘦狗漫无目的地跑过街角，水沟流出的臭水蜿蜒到有着裂缝的马路上。道路上竟然找不出一位穿着体面的市民，只有船上下来的游客着装整齐，让当地人一看就知道是外来游客。

都早上十点多了还没有几家商铺开门，虽然阳光灿烂，可街道与行人就像电影里被打上了一束灰色的追光般，让人心灰意冷。走到街口，见有位中国人模样的青年人正在慢悠悠地拆卸着餐馆的挡板儿，店面上方用中文写着"阳光餐馆"。我们兴奋地向前与这位年轻人搭讪，在这么偏僻而不起眼的小国家能见到中国人，我立刻有一种稀罕感，看来中国人无处不在。

长相憨厚，身材微胖的小伙子停下手中的活儿，笑脸相迎。听说我们是游轮下来的游客，他介绍自己说："免贵姓陈，是餐馆老板。"说这话的时候他笑着又补充："目前没有雇员，因为经济不好，餐馆没有生意，辞退了所有雇员，独自经营。"

我笑着说："你这么坦诚，不愧是出来闯荡的年轻人，了不起，西班牙语一定讲得不错！"

通过与他聊天，我们对这座城市迅速有了大概了解。他说这座十万人口的海城里有不少从中国福建来的生意人，其中一条主街的大部分房产都是属于中国人的，中国人的勤劳无以伦比。他指着对面一排淡绿色的两层老建筑说："对面的旅馆加酒馆都属一家中国人的，老主人两口子早年从福建移民而来，已经过世，他儿子本地出生，也讲不了中文，靠出租店面为生。他也不结婚、也不知道整天干什么，以后的财产谁来继承！"小陈的言外之意就是说，楼主有这么好的地理条件，却没有更好地经营发展。

小陈说回到自己的生意，他是租自己表哥的餐馆，疫情前每周都有游轮停港，大批的船员来店里吃饭，可谓生意兴隆财源滚滚，当时自己还雇佣了几个当地人。疫情三年以来，游轮不停港了，当地的经济受到很大的影响，他的生意一天之间落入谷底。现在，每天的收入连租金都不够。

我们聊了大约半小时，一位客人都没有见到。临别时，他说："如今我是骑虎难下，没有赚到钱也无脸见家乡父老乡亲，更不要说结婚生子了。"

我劝他别这么灰心，人还年轻，年轻就是本钱。小伙子又峰回路转地兴奋起来，讲了一些自己对将来的计划，仿佛在安慰、鼓励着自己。年轻真好！

与小陈告别后，我们沿街又走进一家不大不小的超市，收银员是位东方阳光帅小伙儿，看上去十七八岁的样子。他瘦高单薄的身型，眉宇间透露着国外长大的孩子们那种不加装饰的坦然表情。小青年身着白

色体恤衫、外面套一件淡蓝色围裙，他正面带微笑不停
地忙着接待顾客，货物划过扫描器的"哔哔"声淹没了我的思绪。

那些排队的顾客，高矮胖瘦不一，有母亲带着一群孩子的，三五成群的打工粗人，还有半大不小的男孩子，及行为缓慢的老人，他们身上都散发着一种不言而喻的半岛气质。那是一种沉重、胆怯、又无所事事的慵懒。那眼神儿仿佛在说：反正这辈子就住在这里了，哪儿也去不了，过一天算一天吧。百分之百的俯首听命，认凭命运摆布的族群。

他们用惊奇的眼光端详我们，仿佛旅者身上都带有岛外来人的特质，但他们又各行其事，沉默寡言，没有去交头接耳的议论别人，仿佛早已习以为常了眼前的一切。

明知自己不要买东西，也在店里好奇地闲逛一下，看到很多国产品牌，例如香鲜酱油、镇江醋、四川花椒、重庆辣酱，一目了然这店是华人所开。

有那么几分钟不太有顾客，我们凑到收银台前用国语与收银员打招呼，小伙子带着温和而自然的笑容一字一句回答我们"你们好！"虽然他的吐字发音略带生涩，可听起来比我们想象得好。

"你国语不错，非常好！"我鼓励他再讲多一些话。男孩露出灿烂的笑容及雪白整齐的牙齿结结巴巴

地说:"我和弟弟小时候被父母送回中国上了三年小学,爷爷奶奶管我们。回来后平时练习不多,还讲不好!"小伙子露出羞涩的眼神。

"你比我的孩子讲得好多了!"我想起自己孩子吞吞吐吐的中文水平再一次表扬了他。这时比他小一岁的兄弟来接班收银,小伙子又说自己名叫嘉豪,爷爷奶奶住中国福建,他们兄妹三人都是在半岛出生。嘉豪说自己已经离开半岛在圣何塞上了一年大学,因疫情网课,这才回店里帮忙。他虽然按父母的要求学的是财会专业,可他自己的理想是想当一名飞行员。

看着他天真烂漫的笑容我们说了很多鼓励的话,希望嘉豪能走出半岛,闯出自己的世界。嘉豪的弟弟嘉宝明年要考大学,父母希望有一个儿子能留在岛上继承父业。如今父子三人在岛上守店,晚上就住在商店的楼上;嘉豪的母亲带着他妹妹住在圣何塞的家,专管进货。嘉豪简单介绍了自己家庭的所有成员。

他们一家人能团结一致,在异国他乡努力生活,并事业有成,我真为他们感到自豪。店里主要经营日用百货,食品饮料。岛上的居民还是对超市有所依赖,所以疫情间生意并没有受太大影响,只是物价成本上涨,赚得少些,可生意细水长流,与同行和气生财也不错。

依依不舍地离开超市,对嘉豪嘉宝的未来充满希望,我们沉浸在那种与陌生同胞交谈的兴奋之中。

在回船的路上，又看到一家用中文写着"黄家小吃店"的店面，店面没有任何装饰，就像个直通车库。里面靠墙摆着几套一看就是从中国运来的，称得上会履行职责的简易长条桌凳。桌面上光秃秃什么也没有摆放，还落了一层灰尘。打眼望去，直通车库的前方左侧靠墙放着一个白色双开门冰箱，有一两个人影在那里来回晃动。

见我们来，里面出来一位留着板寸头发的中年男人，他个子不高，用带着福建口音的国语与我们打招呼，问："吃些什么？"

我们不好意思地解释说，从游轮上刚吃饱下来，就是见到这里有中文招牌的地方特感亲切，过来打个招呼！他见到我们是中国人也很兴奋，主动介绍："我姓黄，是小饭店的老板。"

黄老板看上去一身中国乡镇打扮，身上的体恤衫还印有一条龙图案。黄先生见我看他的衣服就解释说，衣服是当年在家乡划龙舟时的服装。

我先生问："生意如何？""就没有生意！"他苦笑一下。"你们的游轮是这个月第一艘停靠的游轮，疫情前每周都有两艘游轮，那时船上的中国船员，菲律宾船员都喜欢到这里吃吃喝喝，现在连本儿都保不住！"

黄老板的话匣子被我们打开："七年前，我听亲戚的话来到这里，盘下了这个店面，刚来的几年算是赚了钱,如今生意不好,房价也跌,又不好卖掉,真是骑虎难下!"

我说:"这些年中国发展不错,你们南方更是天时地利人和。"他用手指抓抓自己的头发,尴尬地笑笑:"现在这里经济不好,我还没混出个人样儿,也没脸回去家乡,再说最近也没法儿回到中国。我是农民出身,回家也是种田,就在这里混吧。真希望这里能换个新市长,把半岛的经济搞搞好。"

我先生提议:"如果你把店面装修好,或许会吸引顾客。"他叹口气说:"如今餐馆生意不好做,也不光是我们一家,就这样子了,儿子在首都上大学将来还有指望,女儿不爱读书,帮着看店。每天下午总有些当地人来点餐,还能保证一家人生活"

对于老黄的生意经 我们在心里都摇头晃脑。与他聊了一个钟头还没见一单生意,可老黄还是好脾气地笑嘻嘻:"就这么简简单单地生活了,看啥时候才能衣锦辉乡咧。"

离开半岛之前,竟无意地闯进当地的菜市场,一座灰乎乎的建筑物,里面有几家散落的蔬菜摊位,海鲜、鸡鸭肉案。当地的卖菜大叔用英文与我们打招呼,并故意讲了几个"你好,谢谢"之类的中文单词以表示对我们中国人的热情。大叔不介意拍张照片,满心的欢喜。他是一位开朗的摊位主,洋溢着浓浓的工作热情。

遇到街上有辆正在搬运海产品的汽车，看见比人还大的冰冻大鱼被两个人往商店里搬运，甚是新奇，挤上去看热闹，又拍照。想象半岛渔业发达，可鱼店里卖的都是些没有生命的死鱼烂虾。或许我们来的不是鱼季，一个外乡游人又何苦，又有什么权利来挑剔半岛呢！

离开半岛的时候我感慨万千，就觉得人们无论生活在哪里，都还是要努力生活，可谓"适者生存"不无道理。

08-2022

东京小忆

那年十月,清晨两点我从塌塌米上爬起,撩开额前的几缕发丝,把脸趴在窗口往外看,黑乎乎地什么也看不见,只有轰鸣的火车声划破夜幕从楼群那面传来,仿佛翻过一座山。列车的振动连同火车和轨道的摩擦声搅在一起,清清楚楚地参杂到我的神经里,让人有种遥远而新奇的感觉。

当时的情景犹如法国小说里常有的描写,我就想像着小说里那很久很久以前火车站附近走动着无数穿着繁杂衣裙,手挎卖篮的妇女,以及洋装礼帽的男人们,还有洋三轮车。

实际上我们是住在东京朋友的家里,一栋靠近铁道的三楼,和中国的住房没有什么两样。由于我是第一次到日本,加上移居美国多年,对一个中国以外的国度就会有一种莫名的新鲜感。"怎么这么吵!"我还是忍不住自言自语。"在大东京地区,中国人能有这么一套两室一厅的住房已经很不容易了。"我先生解释道。

我打开只有美国冰箱一半大的小冰箱,操起饭勺挖了两勺冷米饭分到两只小碗里用开水泡泡,又在上面撒些杂菜塞进微波炉里,吃起来还好,算是早餐。外面太黑不好出去,就只能打开客厅一角的电视。电视里的女主播甜甜地笑着,嘴里咯哒咯哒地说着,仿佛她的嘴上也被套上木屐,讲话的节奏和日本女人脚下木屐的节奏一模一样。

大概内容就是鼓励你白天把桶里的凉水拿到太阳底下晒,晚上可以用晒热了的水来洗澡,节约能源!还鼓励妈妈带孩子到商场品尝免费水果,既节约了钱,又可以促进水果的销量。我第一次具体地感受到日本人的琐碎般细致,还有种妇人式的繁琐。

窗口上的空调发着吱吱的声音,就像只拉着车的喘着粗气的老牛,呼呼呼地!我们回中国路过日本,顺便看朋友,也抵挡不了时差的骚扰,在这黎明前的黑暗里想象着东京的一切。

突然象有人猛推我了一把,连同桌椅一起向前移动,有东西顺着桌沿儿掉在地上,牙签撒了一地,窗口上的空调机发出空空的声音,我们被吓坏了!

朋友从睡梦里跳起来让我们别怕,地震,只是地震!他讲在这里地震像家常便饭。电视里马上报道,四点五级地震,震中距离东京一百公里。

我有些害怕!当时就想起小时候那次唐山大地震,在西安也没有感觉到这么强烈。

朋友又回去睡了,凌晨五点,我走在附近的小街上,顺着住户一边的门窗,一边摸一边看,饶有兴趣!

小路是用不规则石头块儿铺出来的,一米来宽,表面被磨得有些平滑,发着灰色的光,用水洗得干干净净；旁边的住家，象中国江南老街一样古朴，有些门的木头被岁月磨得发黑，依然也用水洗得干干净净。我看见一位个子大约有一米四几的驼着背的老妇人手里拿块儿抹布在擦窗子，旁边放只小木桶。有一辆送报的自行车从我身后闪过，那人带着白色口罩。

走到大街上，看到出租车司机都带着口罩，汽车都是靠左边行驶，我的思维也被拖到左边，一切都变得反过来，有种怪怪的不一样的感觉，仿佛自己刚迈出去的脚也会变成倒着走似地！

住家外的路边自行车都被架成两层，高高地矗在那里，据说是为了省地方，实际上是不是省了也没有人在意。熙熙攘攘的人群匆忙地过着红绿灯，新的一天从他们脚下开始了。

没人注意我这个外人，因为我们长得和他们没有什么不同，只是我迈出去的步伐略显松垮，我"东张西望"着，还浪漫地想象着，同时我也忍受着潮湿的闷热，这也是我第一次感受到西雅图以外的最难熬的秋老虎，汗水顺着我的背往地下流！

回到住地附近，见到有一年轻人从车库倒车，也是千载难逢的景象。只见他打开后车盖儿，钻进后车厢从后面往前爬，一直爬到右边的驾驶座，发动了车，然后小心翼翼地倒出汽车。车库两侧与车的距离只有两寸，两面的车灯也是折进去的。

记着朋友说，他的BMW也是不多用，只在周末开出去玩玩，因为没有停车的地方。平时他的车被一个象电梯一样的转盘升到楼顶，存在那里，可以想像，楼的质量很好，光楼顶就停了几排小汽车，都盖着防雨布。

东京的市政大楼是免费让人们参观的，站在几十层高的楼上从窗口眺望东京，有些繁华里的烦躁，商业街的广告标语条幅从楼顶往下一泻万丈，色彩缤纷，高音喇叭声响彻街市，有种商业大战的感觉。右面是城市最大的公园，却有着一群流浪者住在那里，用望远镜看过去，我看到无数小棚子，还有炊烟，绿树之间晾满了衣服。我惊奇地问朋友："这里的流浪汉住在市中心？"，他认真地回答："流浪汉在挑战政府，政府还给他们提供水和电。"我直感慨："日本的流浪汉也许是世上最干净的流浪汉了"

来到浅草商业街，小店铺琳琅满目，各种肤色的游览者神情专注地一家挨一家地逛着，我也是人流里的一员，逛累了，找家小餐馆吃午饭。

朋友说，"体验一下日本小菜吧！"

店主就上了四小盘真正的"小菜"，盘子就像我们家吃饺子时放辣子水的两寸小碟子，里面的菜也只有两筷子的分量，而价格斐然。我笑了，朋友也笑了，他知道我笑什么，我也知道他笑什么。看来日本人瘦小的其中一条原因就是餐馆给的分量实在是太少，东西实在是太贵，人们都不舍得吃。

如果将东京皇城河里的特大金鱼拿来红烧,一定会是一顿美餐。我永远忘不了那水里的金鱼大得吓人,足以拿到世界吉斯尼参赛!

朋友的公司挂着中国国旗,我说,小心右翼分子的骚扰,他笑着说:"日本人民比政府友好多了!"

09-15-2013

单纯年代

我通过微信，曲里拐弯地联系上了一位初中男同学。他发来几张一九七七年的西安市第九十四中初一三班的教室照片。那时的他还是一位脖子上常挂着个照相机的小男生。

我们刚上初中那会儿，十年文化大革命刚结束，学校老师还不习惯教学；学生也不习惯坐课堂学习，学校更缺乏学习的风气。每学期开学，学校不断地安排我们去学工、学农、学军，就是分派学生到附近工厂，村庄和军队劳动锻炼。十几岁的孩子们心都野了，当了一个月工农兵再回到学校根本坐不住，哪有心思学习上课？男生一下课就聚堆儿换邮票，女生交流如何勾勾针。

我们班主任姓林，一位工农兵大学生，二十多岁的农村姑娘。我现在还记着她的样子，个头儿不高，扎着两个短辫子，一双大大的眼睛忽闪忽闪。林老师的脸蛋儿有些高原红，在不化妆的年代里还真格儿好看，就是一道风景。

那年，刚结婚一年的她挺着个大肚子，穿着又宽又长的军裤，裤腿还卷了几圈，男式军裤的前扣被勉强系住，一副窝里窝囊的样子。那时候的中国孕妇没有现在漂亮的孕妇服穿，也只好穿男人的裤子将就了。有一次，她讲课的时候突然用粉笔头对准班上中排一位男生丢去，正好弹在男孩额头上，那个准呀令我有种莫名的激动。随之而来的就是一句农村骂人的话："你羞你个先人呢！你妈送你来上学，你干啥呢！"大家扭头一看，那男生正趴在教室过道儿地上蹦弹球。下课后他被老师留下，带到老师家谈话。

那位调皮的小男生外号"卷毛"，长着一头卷发，住在回民街，皮肤白净，一张混血儿的脸。自那次以后，卷毛就经常被老师叫家里搬蜂窝煤，干些体力活。以后这位同学跟老师混熟，几乎成了干儿子，上课再也不好意思捣乱了。

对年轻老师在课堂上用粉笔砸人骂人的做法我们一直当笑话来谈，也觉得林老师是为学生好。那时候的老师、学生都一样单纯，单纯地过于执着。

当年，我的字写得还算端正，又偏爱文科，一周换一次的黑板报也有大量的工作要做，周三半天课，下午几个同学留下来，商量着板报的内容。有意思的是，一起办板报的男女生间相互还不好意思说话，默契在沉默中形成。

看到楼道那张照片，我突然想起，一九七六年毛主席逝世那天，有个男生在教室楼道大声疾呼：同学们都别活蹦乱跳了，毛主席逝世了！

多么单纯的年代呀，令人怀念。

10-2022

哥伦比亚河之梦

中学时，我在地理课堂上学到有关哥伦比亚河流域的知识，觉得这条河既遥远又浪漫。如今每年六月份，我们都到 Colombia river 垂钓，不能不说实现了个浪漫的梦。

生活在美国华盛顿州，您对 American shad(美洲鲥鱼) 一定不陌生，也许你也参与过垂钓。对我们来说，每次钓鱼除了乐趣，倒也像是一场体育行为。

美洲鲥鱼（American shad）的学名叫美洲西鲱，它是鲱鱼属的鱼类，原产于美国东海岸，在十九世纪被运输到了西海岸，并且落叶生根，枝繁叶茂。鲥鱼是群居的鱼类，如果你看到了一条，意味着周围有一群鲥鱼。在美国西海岸，哥伦比亚河（Columbia river）拥有数量最大的洄游美洲鲥。政府对钓鲥鱼没有数量限制，鼓励钓鱼者永远都站在岸边甩竿，因为鲥鱼以三文鱼籽为主食，会破环三文鱼生态平衡。

每次，我都努力使出全身力气甩出鱼钩五十 feet，几乎将自身也要甩出去了。听经验丰富的人说，甩出十二点钟方向五十 feet，然后待到一点钟方向开始数十下必得鱼。当鲥鱼开口咬了鱼钩（没有鱼饵），你一般会感觉到杆梢遭受了"重击"，比较轻的咬口，类似于杆子被敲击了一下，不管是哪一种，你需要马上杀钩（set hook）。

日落前的六十分钟被称之为"魔法一小时"。这个小时之内，美洲鲥鱼会一扫被晒一整天的郁闷，攻击欲望异常高涨，任何你放到水中的东西都会被咬。钓鲥鱼不要鱼饵，只有带着色彩的鱼钩，那钩子有倒刺，一旦被咬到深处鱼便难以脱身，可常常也有被鱼钩挂住鱼嘴边的时候，它一挣脱，便会颚骨裂开而逃脱，鲥鱼的颚骨很脆弱且透明。有时候眼看着鱼被拉到岸边，因挂住的是边颚骨，它便会逃之夭夭，搞得我们空欢喜一场。

当太阳开始压地平线，即将落山的时候，鱼情会变得更好，达到一天的巅峰状态。如果你要留鱼，记得第一时间把血放干净，然后立即用冰块保鲜。我们是把冰柜放在房车里，一两天就钓得心满意足。每次丰收，拉鱼回家，分给亲朋好友，有福同享。

对鲥鱼，南方人多喜之，北方人都弃之。张爱玲说过人生三大憾事：一恨鲥鱼多刺，二恨海棠无香，三恨红楼梦未完。由此可见鲥鱼多刺有多烦人！有朋友聪明，用叉子吃鱼，一拨一拨，也是经验所得。如今做鲥鱼的方法各有千秋，主妇各显其能。

一天上百次甩竿运动，我的肌肉 getting better。哈哈！每次钓鲥鱼回家，第二天我就会浑身酸痛，但也值得。

介于华州与俄勒冈州之间有一个水坝，名 Cascade Locks，每年垂钓者站满两岸，均为鲥鱼而来。据统计，年鲥鱼过坝数为七百万以上，去年六月二十日的过鱼数为三十六万多。只要你会甩竿，几乎竿竿有鱼，也许你不相信，不妨一试。

为保护环境，美国早在一百多年前修建水坝的同时就建造了鱼道儿，不可以只顾发电不顾鱼类，所以有了今天的鱼梯。顺着河道、鱼梯，鱼类可以逆流而上，返回上游生产。为统计数据，更好地保持生态环境平衡，发展渔业，政府部门设专人负责 fish counter。令人难以置信的是，这次参观水坝，亲眼看到一九三八年的妇女 counter 照片。现场一位老太太正坐在放大的鱼类通道橱窗前数鱼，并一手敲打键盘（速度如弹钢琴）计数，一手接听电话。据说此政府职位申请不易，要通过考试，应聘人员要求对数字有敏感度及识别敏锐度。在这个岗位上的人，常常不想退休。

也许你要问，为啥不用电脑统计？可机器无法辨别不同类别的鱼种（也许将来会有）。据统计，鲥鱼数量巨大且以三文鱼子为食，所以为维持平衡，控制鲥鱼数量，才允许垂钓者无限制 catch it。买一张渔政，可以随便钓鲥鱼，在美国可是垂钓者的红利。

在加油站，我们遇到一位韩裔，他开一辆超大型房车，住在岸边休闲捕鱼，年年渔季他与妻子到此一游。垂钓者大部分从两州各地而来，我们要从西雅图开三四小时车方才到此享受垂钓时光。加油、买渔具、购渔证、住宿营地、这吃喝用计、人来人往，实际就带动了当地部分经济。

垂钓者亚裔占多数，白人次之，钓鱼是一件辛苦的事情，除磨练意志外更锻炼身体。

我问旁边一垂钓洋人，如何吃鲥鱼？洋人一般不吃带刺的鱼，可他兴致勃勃地告诉我，有两种做法：一）高压锅蒸一个半小时鱼骨仅酥，然后装入真空小罐头瓶中可吃一年，他还从车里拿出样品示意我看。二）用锡纸包鱼放烤箱，二百度烤六小时，鱼刺尽酥脆。我佩服他的总结，但把鱼留到第二年吃太令我吃惊。

中国南方人吃带刺鱼有历史，熏鱼、蒸鱼、鱼汤均无妨。实际上，趁鱼新鲜时，蒸之，炖之，红烧次之。最好吃的就是熏鱼，网上一查便知。

旁边有位韩裔老者，七十来岁，退休在家闲来无事，他说自己年年都来钓鲥鱼，钓之放之，从不带鱼回家，因为他 wife 恨 fish。听后我想笑，硬控制住。也许几年后的我，也会 hate fish。

每年，我们的哥伦比亚河之梦是在垂钓中实现的。

06-21-2024

我的理发师

西雅图的冬天见晴就冷，一大早儿地上便落了一层厚厚的白霜。我钻进冰凉的驾驶室把车钥匙插进孔里先发动车子，热气随着汽车的颤动从尾气管儿冒出……

有只长尾巴松鼠嗖地一下窜到松树上，我抬头往上看，蓝天白云在松树枝叉间形成一片支离破碎的天，就像是望见一个不华丽的万花筒。

按预约时间我去烫发，绕过中国城，路过一个网球场，我奔驰在Beacon hill路上。路盲的我每次走到这片曲里拐弯，路牌犬牙交错的地方都会迷失，然而今天我终究摸对了地方。

因疫情爆发，我有一年多没来烫发了。

阿美家院中央的"Mother in law"独立房像个豆腐块儿般蹲在眼前，一年半前还在动工，如今雪白的独立房都出租了。阿美说："如果将来老了我身体还健康，这里将是我养老的小房子。现在住的主house将留给唯一的女儿。" 才五十岁出头的她已经给自己打算好了。

可以说她是我们家的"御用"美发师。多年前，自从听台湾来的二伯母介绍后，武汉来的大伯母及她女儿，上海来的三姑及她女儿，西安来的婆婆及她女儿、和儿媳妇我，加上我妹妹等一个娘子军的头发统统交给阿美管理。

讲粤语的人总习惯给别人名字前加个"阿"字。名美华，姓王的美发师自然被叫了几十年"阿美"，她是出生于越南的华侨，早年随父母来美定居。

阿美个子不高、生得小巧玲珑，顶着一头她给自己烫、卷、吹的蓬松短发应付着络绎不绝的客人。阿美能讲国语、英语、粤语、越语、所以客源充足。也就凭着自己的美发手艺养活着全家，还供女儿在华大读书。她说，有时候还塞给母亲些零花钱。

因客源均来自附近，所以她不愿搬离距中国城一步之遥的 beacon hill。我住 Bellevue，有些远，有几次想放弃她，但一想到阿美为我们七大姑八大姨服务了这么久，头发也烫得牢固，也就不好意思放弃她。

我们家谁适合啥发型，谁家有几个孩子阿美都了如指掌。有几年她没白没黑地接活儿，努力赚钱，人都瘦了一圈，也少言寡语了许多。

有一次人不多的时候她也向我吐吐苦水。世界上的事从来就没有公平过，老天总是这么安排，一个家里有人辛苦赚钱、就有人一个劲儿花钱。阿美的老公是个赌徒，附近的赌场都跑遍了，信用卡透支一大笔，等着阿美去偿还。洞子大得难以填补，婚姻也曾几番波折。

每家都有本难念的经，阿美硬是赚了些辛苦钱把眼前的豆腐块儿房子盖起来，为了自己将来养老。这也是她给自己赚的大福利。

每次去的时候贴在墙上的美发价格都往上涨，压力山大的阿美说，实在是没有更好的办法，我们也只好接受。

在西雅图，这样的地下室美发厅数不胜数。House的上面住人，地下室做生意，又不用租金，价钱算合理。洋人的美发厅从没去过，他们哪里了解东方人的发质？又贵又不放心；韩国人开的美发厅也没去过，想去没敢去，据说宰人数倍。家附近有一两家地下室美发厅，一是台湾人开的，一是扬州人开的，都说自己干美发多年，可试了几次并不理想！多少年来一直都在寻找合适的发型，就像减肥一样，追寻了几十年，总不理想。

这些年阿美这里客流不断，她可以同时烫三四个女发，中间还穿插着剪两三个男发，还替人染发。大部分时候看着她都干得得心应手，忙里忙外一个人，还总是笑容可掬，像只快乐的 busy bee。

如今，我把车就停在她家前院的疤癞草坪上，沿着地下室的楼梯走进门，就见阿英正认真地给一名女士染发，见我赴约，寒暄几句落座。她一边用黑刷子刷着老太太的短发，一边用粤语与客户聊天。

涂完一头黑油，她带着老太太到另一套间的电热罩下凳子就座，便开始给我上卷儿，轻车熟路地很快完工，然后阿英默默坐在自家楼梯上翻手机。看来上午就两位顾客，她是闲着发慌。

她叹口气说：自从新冠以来就没有生意，去年三月份到六月份整整三个月没一名顾客。

我同情地说："真对不起！我也有一年多没来了。"她又说我家的那些七大姑八大姨一年也不见来了！

"都是被疫情害得，每个国家、家庭、各行各业、甚至具体到每个人都有受影响！"我试图缓和气氛。

"那些开超市的生意比原来还好，餐馆就不行！"她又嘟囔着。

"自从有疫苗接种，生意会慢慢好起来的。你手艺这么好又这么勤劳，好人有好报的。"我一边鼓励她一边觉得自己真对不起她，我来这里的次数太少了，头发长得也慢，一次搞好要半年多才来一次。

顶着刚烫好的满头卷发我感慨阿英的生意一落千丈！那时她总是说不用再介绍新客户了，老客户都忙不过来，如今老客户都不上门了。每天上午就一两个客人，总比没有强，她自我安慰。

有时候总以为，有门技术在美国就可以混饭吃，可人算不如天算！

希望世上的一切都恢复正常,上帝保佑。

02-26-21

悉尼之恋

我无意间躲避了西雅图二十年来最大的风雪天，是一种幸运，更是偶然。

飞掠天空，越过大海便是春暖花开，一月份我来到了温暖的悉尼。

八点过后，太阳一鼓作气地弹出来、陡然露脸，让一切都熠熠生辉、炫目耀眼……

拖着疲惫的时差依然步履轻盈，就是因为这里是自己早已向往的地方。

诚然我心血来潮，无论如何要踏上这旅程，要在冬日里过个夏天。漫步悉尼街头，用我的笔调写下点滴，就是要将自己和这里息息相通。细节会组成我对城市的感觉。

过街穿巷，眼观四方，耳听八方，Chinatown 入口处，小姑娘优雅的大提琴声沿着路边的白色丁香树一直延伸、延伸……

这座城一年的 GDP 是三千多个亿，证明了这里是个富裕的地方。高楼大厦鳞次栉比，公司商店比比皆是，繁荣的街市徜徉着清风一缕缕。

中国城的收银小姐说：如果谁不会讲国语，就别想在中国城混！如今改朝换代了，原来是"如果谁不会讲粤语就别想在这地方混！"我笑了。

达领港人山人海，因为今天是澳大利亚国庆节。孩子们在各种运动设备上嬉闹，情侣依偎在一起，老年人着装艳丽。玩杂耍的艺人们拼命地在实地上翻腾，水中央停泊的白色游艇据说也上百万。

风景实在够 Beautiful 的……

我是名副其实的游客，背个包包戴副墨镜在街上溜达着。这时候的自己分外珍惜每份景物，以及能听懂或听不懂的语言，因为那些有可能都会带给我们快乐。街上女人比男人多，每走一步都有年轻人的国语飘进耳朵，据说悉尼科技大学就坐落在城市的主街之上，中国来的留学生成群结队。

古物诚然精美，精美之处也免不了风化，新物固然新颖，新颖之处缺少韵味，然而在这里得到拥挤的完美结合。

悉尼歌剧院的故事很精彩，丹麦设计师 Jorn Utzon 是根据橘子瓣灵感而设计出剧院，后来又和当时的悉尼政府搞翻，连悉尼都不再光顾。照片里一九七三年剪彩仪式上伊丽莎白女王依然年轻美丽。

徜徉在摩登的城市里，穿梭于茫茫人海之中

I lost my self and wishing next dream.

第二天，踏上挪威号游轮的那一刻每个人都是兴奋加疲劳。一个时辰之间几千乘客拖着行李就已经分散于船里的各个角落。

彼此间问候"Good morning"，"Hi"但脚步不停，因为刚登上游轮，忙乱之中没有时间长谈，所以大家都像蝴蝶一样行走，如蜜蜂一般寒暄。

中午时分，餐厅里挤满了如狼似虎的游客。看着满眼各色的食物我警告自己的胃：千万不要被这些美妙的东西所迷惑。

对面桌上的两位洋人胖子手举着 ice cream，根本不 care 自己的肚子还会更大；旁边一对中国夫妇盘子里堆满西瓜，他们还没有考虑到别人的需求；不远处的一桌越南人疯狂地大声讲话，还以为这里是自己家客厅。

也许人无完人，船上来自世界各国的游客们不同种族、语言、世界观、衣着、走路姿势和思考方式，汇聚在这里时依然是各种类型的人，社会也因此而形成。

来到健身房，在跑步机上跑了三十分钟，又试过各式各样的仪器，浑身是汗了才肯罢休。

冲澡、五体投床，整照片、才写下这些文字，聊以自慰。

船要起航的鸣笛让我如惊弓之鸟般冲向顶层甲板，享受那醉人美景，悉尼港是我们多次乘游轮离开的最美丽的港口。

从此，那悉尼桥便成了我的恋人……

09-2017

火花

西雅图，曾几何时被那浪漫的故事渲染过。

十一月的秋天，满地风骚的红叶将朝霞映得更红。

就是在这样的早晨，她穿着新买的棕色格子尼半短大衣，用她那细长的手指紧了紧大衣腰带，拉着红色硬壳箱向飞往洛杉矶的七三七飞机机舱走去。

两年寂寞的留学生活就要休息片刻，她心想着即将要见面的住在洛杉矶，同样是来美留学的学者秦让就有些紧张。她和他是在一次北美文学讨论会上认识的，只聊了几小时天儿两人就熟烙起来。

中国人原来并不知道美国会让人这么寂寥，孤单。

他是作家，访美学者，她是研究生，研究美国文学。就这样，在以后的电话里两人开始从为什么莫言因为其作品"蛙"得诺贝尔文学奖，聊到今年加拿大短篇小说家爱丽丝·门罗获诺贝尔文学奖，又从村上春树的"挪威的森林"谈到马尔克斯的"百年孤独"。

俩人所讨论的文学内容很泛泛，犹如一般的文学青年所聊的东西，象那些更文学更专业的名词没太提及，怕显得做作，也不够亲切。

文人之间聊天常常容易空泛，聊多了没有底气，没有人会钻到对方的内心里去观察,更没法体验到你个性化的灵感,双方都虚幻着对方。

她在机场一见到秦让,就憋不住露出一口白牙笑了,然后他也笑了。估计都在笑对方不约而同地戴着墨镜,就是那种镜片大地遮住半张脸的,象日本电影"追捕"里渡秋戴的那样子的。

其实,双方都不想让熟人认出自己来。虽然他只是个省级作家,还没有有名到狗仔队跟踪,她更是名不见经传!可还是有些心虚。因为都是在国内有家室之人,如今偶尔凑到一起也是"火花",谁也没有想怎么样,也不知道会怎么样。

只是在异国他乡的两颗孤独之心小息片刻,感受一下来自异性的,又和以往不同的温情。她一再这么在心里为自己解释着,仿佛害怕有什么会发生,同时在一瞬间又希望着有什么去发生!就把国内的老公锁在脑子里的一个细胞里,锁死喽。

她像小蜻蜓般飞过去,秦让凑过来的是热烈的拥抱,然后情不自禁地用自己汗渍渍的大手抱了她的头就亲。她只觉着全身的热血沸腾着,沸腾着,她感觉得到自己的心跳敲击着他们脚底下的地砖,怦怦作响。

两个月前,他们商量决定进行一次秘密旅行,就上了从洛杉矶开往夏威夷的公主号游轮,并约定这是俩人唯一的一次实质性幽会,十五天以后,一下船就各奔前程,她回她的北京,秦让回那东北老家,就当谁也不认识谁。

美好的旅程在浩瀚的太平洋上进行着，她和他都穿着泳衣并肩游在船顶的泳池里；豪华的餐厅里也投下他们盛装的身影；还有伴随着夏威夷音乐的舞池里也闪烁着俩人的舞姿。

俩人奔忙在庞大的游轮空间，她在秦让的照相机里摆着妩媚的姿态，秦让也同样西服革履地潇洒一回！俩人互相照着，他们有个约定：坚决不照合影。

她问秦让："你不后悔和我在一起吗？"

秦让诡秘地一笑说："后悔是小猫"他也会在女人面前撒撒娇。

她又问："如果我们今天的行为改变了你我今后的生活怎么办？"

秦让又是诡秘地一笑："如果你想改变就改变吧，可改变了又能如何！"

男人就是猾头，话说地模棱两可。就让女人猜不透他的心，也不会立刻泄气。

女人的心略显幼稚，仿佛在这里度过的浪漫一天就相当于自己的一辈子。

其实，再浪漫的男人也比女人理智，秦让永远知道自己在做什么。他决不会放弃老婆和儿子，就像不会放弃老娘一样。

登上夏威夷美丽的岛屿，他们形影不离，象一对新婚燕尔。蔚蓝的大海和高耸的棕榈树融化着他们几年留学生活的寂寞，是第一次来夏威夷，也是最后一次，她心里这么想着，既兴奋又意味深长地含情脉脉。

秦让的眼里充满了对她的热情，就像一只鱼鹰盯着水里的鱼儿。

他们在中国是见过世面的人，在一定的范围内算得上被"众星捧月"过，繁忙的生活永不停息。如今，自己的身体还是一样的自己，可灵魂又暂时离开了自己。

欢愉的天地如此地广袤，而时间的飞逝就像那闪电。

夏威夷美丽的风光弥漫了两人的心扉，可热烈的旅行从离开夏威夷岛的那一刻起就渐渐接近尾声......

故事的美好性就在于当下，而浪漫性却在于未知。

于 bellevue
11-16-2013

空中爱情

城市车水马龙，旧城的人行道儿路面都是用方瓷砖排列铺成，商铺密集。一位围着围裙、体态丰满，开小吃店的女人正把不知道洗过什么的水娴熟地泼到路上，啪的一声污水四溅，还冒着热气。随着她扭着屁股走进店门的功夫，地面泛起一股子热臭味儿，污水跳跃着满足的身躯慢慢钻入砖缝里不见了，像啥事没发生一样消声灭迹了。

为了见他时漂亮些，露西把自己那双又细又长的脚委屈地伸进一双黑色高跟儿靴里，扭动着脚踝，左右两侧看看。配不配细腿牛仔裤与黑上衣不知道，但起码这时她飘着长发已经飘在路上了。

露西是要去见初恋秘果，十几年未见的秘果呀，非见不可，好容易托朋友的朋友找到了，原以为找不到，可要想见个人没有找不到的，除非人不在世间了。她激情四射，满怀信心，被欲望驱使着要去见秘果。街上满眼的亚裔面孔，不，应该说是中国人面孔，这让露西激动不已。太久没有这种感觉了，在纽约，每天看到的是全世界各色人种，清一色的没有，今天就是清一色，她的眼睛真还有些不习惯。年轻貌美的小姑娘们花枝招展，满脸的胶原蛋白，个个苗条身材就是向她示威，无形的挑战。

露西没坐车，就两站路，想走走。在中国走路不累，因为人声鼎沸，店铺比比皆是，两眼左顾右盼地忙着，就不知不觉地到了。那一朵三层楼高的钢制红玫瑰几十米远就向人招手了。许多年没回国，就是刘姥姥一进大观园，可毕竟招牌儿太显眼了，找不到就是傻瓜。

她推开旋转门，有位细高个儿头戴红色欧式帽的小伙子礼貌地带着笑脸迎了上来。

"您请进，欢迎来到红玫瑰酒店，请问有预约吗？"他熟练地问。

她也笑脸相迎地回答"紫薇阁"。

"左转上楼，再左转"温文尔雅的回答令人满意。

她一边上楼梯一边左顾右盼，靠右边的厅里有铺着白布的圆桌子十几台，客人不多，都是些穿着考究的男女情人。角落里坐着一对老年夫妇，女人穿着蓝色旗袍，男的还穿着西服，露西突然觉得他们又不像夫妻，如果是夫妻的话他们为什么要穿得如此隆重呢？观察与想象几乎成为她写作的功课，有时候她也觉得自己是个很麻烦的人，随时随地都在搜刮不相干人的生活。

上了楼左拐以后她看到了"紫薇阁"门匾，咖啡色仿古门是关着的，健步如飞地朝门走去，又小心翼翼地推开右扇门，左脚先跨入门里，同时露西话到嘴边，那"秘"字就贴在唇上就要送出去了，可屋里并没有人，只有一捧红玫瑰插在圆桌中央的仿古木质花瓶里，楚楚动人。突然有位身着红色旗袍的美女紧随身后，优雅地鞠了一躬说："女士，您先请坐，另一位还没有到。那你是喝茶还是喝水？"她对他们的组合了如指掌。

"不客气，我就先来杯凉白开吧。"她发现国内的服务行业越来越优质，服务态度非常到位，不卑不亢恰到好处。

茶杯是白瓷的，小巧玲珑且没把儿，刚刚好把在手掌心，舒服的感觉，比美国中餐馆里的茶杯讲究多了。在这里习以为常的事情对露西来说就是新鲜，毕竟离开这座城市十多年了，每次回来也是做客，既熟悉又陌生，既紧张又放松，自己的神经游离于这座城市的身体里，如鱼得水。

她先坐在能看到门口的位子上，有种安全感。椅子舒适的程度超出它本身的作用，仿佛这是一张按摩椅，双手扶着椅把，那是棕色软皮质地，温柔地贴在她的手臂，让人不舍得离开。一缕阳光从女人身后的大窗经过肩膀投到桌上那瓶花上，这时她正对的门被人轻轻推开。

走进一位女士，高耸着发髻，前额有一缕发丝自然垂落，把左边的漂亮脸蛋儿一分为二，南希并不认识她，根本不是要等的人。紧接着她面带微笑走向露西，从口袋里掏出一封信递给她说："很抱歉！您是露西吧，这是秘果给您的一封信"露西诧异地望着眼前的来人，心想为什么要抱歉呢，并匆忙接过信打开它。这是一封用电脑打印出来的字条儿，根本算不上一封信，是这样的白纸黑字："欢迎你回国露露，本来以为我可以赴约，可不能来了，非常抱歉！别问原因，快离开餐馆，再约。"

露西觉得惊奇和遗憾，还有些失落，辗转了几个人才找到秘果，如今发生了什么事了，难道他不想见我……

十多年前他们是在去往北京的火车上认识的，那时露西还只有二十来岁，刚大学毕业，到北京办理留学签证手续。对面坐着秘果，一位看上去风度翩翩的小伙子，他刚开完青年企业家会议，要回北京。那天，她一上火车进了卧铺车厢，把自己的小箱子塞到底铺床下，然后坐到底铺靠窗的一角。看到他第一眼就喜欢，他那清瘦的脸庞，一副无框眼镜戴出的文质彬彬，微笑的表情，就有眼缘吧。他们谈得热火朝天，一见如故，也不知道为什么包厢里恰巧就他们俩人。然后他们就凭着一见钟情便如漆似胶，最后竟不知不觉有了一夜之情，那之后他们有一周都在酒店里厮混，难舍难分。

阳光像追光灯一样射向木门，不知道什么时候送信女人早就离开了房间。没过几分钟门被突然推开，一位灰白头发的干瘦大妈出现在露西面前，她满脸堆着狞笑，又像是咬牙切齿地迎了上来，嘴里不住地嘟囔着："你就是露露，还是什么露西？"她用手按着怀里的黑色斜挎包，身子因瘦弱向前倾着，扑面而来。露西站起身迎了上去，她已经不记得眼前这位女人了，她犹豫着伸出自己细长的右手，对方用手把露西的手打了回去，那张瘦弱的脸开满了花，满脸皱纹。女人怒气冲冲地说："你不会记得我了，臭不要脸的，您哪能记得我呢"，露西还在疑惑。她又说："当年你与秘果搞婚外恋的时候我就知道你！你是个狐狸精！"露西恍然大悟，这位难道是秘果的夫人。露西眼前晃过当年那热烈的初恋，那时候他没说自己结了婚，他什么也没说过。当年与秘果的一切，没有结果的爱情，但刻骨铭心，所以想见他。如今与他老婆却面对面，她怎么知道他们要见面，还有见面的地址时间？她想起了那张字条。

大妈恶狠狠地又说："你不要觉得惊奇，他是来不了了，在医院躺着呢。"她没有听她再多说一句话，她不想听那声音。露西落荒而逃，她不知怎么回的酒店。她满脑子想的都是，为什么他进了医院呢？

当年留学是在餐馆打工，露西遇到餐馆老板老唐，为了身份就下嫁大她十几岁的戴维唐，十多年来虽然生了儿子，还是因为三观不合老吵架，最近在闹离婚，悲伤的时候她第一个想起的人就是秘果，听朋友的朋友说秘果一年前也分了居，夫妻关系紧张无比，她就找来了北京。没想到人没见上，先让他夫人臭骂一顿，惹了一身骚。据说秘果夫人曾经是开连锁超市老板的女儿，有经济实力，照她的说法就是，你秘果靠我家才发达的，如今要与我离婚，没门儿。

露西逃回酒店后通过朋友搞到了秘果的微信，微信里他告诉她，病房门口有夫人的人把守，两人无法见面，他出了车祸，右腿骨折。

签证到期，露西只好先回到纽约。刚下飞机露西就与秘果不停地微信视频，情意绵绵，她斩钉截铁说自己要离婚，实在是过不下去了。秘果说自己也过不下去了，他还说北京变化这么大，不比纽约差，露西想了很多很多，脑子里乱哄哄的。她几乎整夜都在与秘果网上倾诉衷情，那十几年前的一见钟情很容易就呼唤而来。

自从露西从北京回来，与老唐两个人愈吵愈烈，有一次车开在高速上两人吵起来，露西说："你如果不离婚，我们就同归于尽！"紧接着她就在高速上左右摇摆着方向盘，把坐在旁边的老唐吓个半死。从此两人分道扬镳，儿子自然老唐绝不放手，再养几年就成人了，还靠儿子传宗接代呢。

那日，北京晴空万里，秘果到机场去接露西。当露西从出口出来时，眼前的秘果依然身板挺拔，衣冠整齐，镜片后面的眼神儿依然含情脉脉，她觉得脚下一软就拖着沉重的身体扑到他的怀里，他举过一捧鲜红的玫瑰花献给她。一路上两人情意绵绵，相互簇拥着上了小车，一路开往原来他们住过的酒店，还是同样的房间号。回忆就像电影一样在面前展开，十几年前的激情自然而然地故地重演。秘果拿出自己为露西买的粉色丝绸新睡衣替刚从浴室出来的她亲手穿上，他搂着她站在镜子面前，以往的温淳一招即来。虽然很多年过去了，两个人还是一拍即合，一如既往，有种无言的默契。

当年他们一见钟情，紧接着一夜之情，然后酒店缠绵一周，最后一天，当她沉浸在爱情的甜蜜中无法自拔的时候，她偶然发现他掉落在地上的钱包，里面有一张全家福，她的脸顿时觉得很烫，全身热血沸腾起来，望着旁边熟睡的秘果，她觉得自己犯了个严重的错误。她一直以为自己是一个矜持的女孩，她怎么忘了问他有没有家庭呢。她觉得自己无地自容，她抓了沙发上的衣服冲进卫生间，匆匆穿了衣服，拉了行李箱就不辞而别了。

当她急匆匆地行走在还没有几个人的大街上时，凉风吹拂着她干燥的面颊，头发被风吹散开来，她的全身都在颤抖着发着烧。露西仿佛感到有无数双眼睛在盯着她看，成千上百个手指头指点她，耳边有无数张嘴在说：你真不要脸，你是个破坏人家家庭的小三，你就是个小三儿，花着父母的钱不好好学习，你干什么不行，你乱来。她的头就要快炸开了。

十几年前，她就那么落荒而逃，逃到美国留学去了，但她始终都没法忘记那个不怎么荣光的初恋。

她也奇怪，十几年后再次见面，他俩之间竟然没有隔阂感。她望着躺在身边的他，就像他们从来没有分开过一样，仿佛一切都只发生在昨天。

"这次我们名正言顺，我就要与她离了，等我把三环路的房子装修好咱就办事。"秘果还是那么斯文，斩钉截铁地说。那天晚上，露西在秘果的怀里睡去，她昏昏噩噩地觉得自己睡在一条小船上，漫天的星光照着她的脸颊，突然有一片乌云遮住天空，一阵狂风暴雨打在身上，她随着那条小船在海浪里翻滚着，就要翻了，她晕船晕得厉害，头痛得要裂开了，发着冷，她大喊着："救我救我"，她的四只在空中飞舞着，然后她就像虚脱了一样瘫在床上，睁开双眼的时候秘果正抱着她，他问："你是不是做了恶梦，露露？"她喜欢他叫她露露。他给她端了杯咖啡，喝下去以后好多了，那是一场非凡的噩梦。她望着他，她十几年前的失落感又回来了，她反问他："你们还没有办理离婚呢，我又错了！""就是一张纸的事，相信我，我会办到的。"秘果不以为然地说。

露西望着同样的天花板想了很多，丢弃纽约回北京，还是让他丢弃北京到纽约？十岁的儿子怎么办，离开他久了他会忘了我这个母亲，我不能没有儿子。这时，爬在身边的秘果拍拍她的脸说："夫人想什么呢？当然呆北京了，这里多好，有我们的一切！人都说地球村嘛……"

这时，她的手机嗖地一下，她看到儿子发来一条微信录音："妈妈，你什么时候来接我，这个礼拜我属于您了。我爸忙得很，根本没时间陪我在家，学校下周的演唱会要家长参加，你会来吗？"听着儿子稚气未脱的声音她有些眼泪汪汪，她决定周末就先飞回纽约，儿子比谁都重要。

他送她到机场时说："等你儿子长大了，可以到北京我的公司工作"仿佛她儿子明天就会长大一样。

这时他的手机响了，他当着她的面接了电话："是小敏呀，爸爸马上就来，你说的补习班，爸爸已经交了学费，你放心！"是他女儿。

他接完电话转过身时脸上的表情很尴尬，一种焦虑的红晕出现在那张斯文的脸上。露西也替他焦虑，她也为儿子的事情焦虑过无数次，他们同病相怜。

露西走进安检的时候颓丧地对他说："回吧，你女儿需要你，微信联系"。一分钟前她还依依不舍地拥着他时，她是那么幸福，电流在拥抱着的两个热血沸腾的体内穿行，思绪飘荡。她想着在一起的每分每秒都那么幸福完美，他斯文的气质，温柔的指尖，还有喃喃细语，他以为自己手臂里的她温柔得像春天的阳光，他几乎被她融化在蓝天白云里去了。

她看到他镜片后的泪光了，还有满脸通红的激情，她被他感动了，而她几乎要哭出声，他也被她感动了。此时此刻他们的感情很深，他对她喊："一到了那边儿你就打开视频，我要立刻看见你，我会想办法尽快飞过去"。她哭出了声音，但那哭声淹没在了喇叭里呼唤乘客快到登机口的通知里。

飞机就要起飞了，有两只鸟竟然停在机翼上……

02-2020

蕾丝边

一大早，医院大楼外下着细雨，小路两旁的白杨树翠绿翠绿，那雨就像织丝女手里拉不完的青白玉色抽丝，从高高的树顶间落下，轻柔飘逸。

对面停车场一路小跑过来、穿着蓝色制服的医护们不少，楼前露西双手遮头，顶着一只大钻戒冲进电梯，她一边甩着手臂上的雨水一边嚷嚷："这都三月份了，雨还下个不停，什么时候是个头儿。"

当啷一声，她手上的戒指滑落到地上，滚到电梯一角，四五个不同肤色女人的目光全落在闪亮的戒指上，仿佛那只戒指钻石上发出的耀眼蓝光把整个电梯都照得通亮，几个女人挤在一处用手挡住自己的眼睛，唯恐被刺到一般。

"哇，my god，好大的钻戒！"有个尖细的女声划破电梯，无意中增加了所有人的好奇心，有人几乎想立刻目测出钻戒的克拉数。

"不好意思，我的！"露西睁着一双粘着长长睫毛的蓝色大眼睛盯着自己的手指，然后弯下身子循声而去。随声，个子最小的华裔南希动作麻利地弯腰先捡了那只戒指轻轻放在露西右手心。露西说了声："Thank you so much"，就用自己那张大红嘴唇吹吹手心里的宝贝，又用左手染着大红指甲油的拇指和食指捏着戒指凑到眼前看是不是摔坏了，电梯在昏暗的灯光中缓缓上升。

"钻石很结实,不会摔坏的,放心!"南希微笑着递上一句。

露西,三十五岁,职业护士,去年刚离婚,情绪老稳定不下来,靠药物控制着,她说自己自从离了婚后就得了焦虑症。她长得健壮,满头密发一把抓地绑在后脑勺,走路一阵风,对同事说话锋芒毕露,言语像乒乓球一样一弹就蹦,对待患者缺乏耐心,焦虑都写在那张小白脸上,明显是荷尔蒙分泌旺盛,整天活得像只刺猬。

她上班不多,感恩节还嚷嚷着找男朋友约会,每次约会她都张扬,满城风雨。一次有位留着串脸胡的小伙子还送午饭到单位,两个人高调地在休息室里一起吃午饭,你一口我一口互相喂饭,甚是亲热。第二天露西向在休息室里吃饭的南希说,他就送了一顿午餐就想晚上睡我,太着急了点儿吧,神经病。

没多久就告吹了,串脸胡说自己最近失业了,领失业金,还不想找工作。露西一听就受不了了,她才不是让男人吃软饭的主儿,当机立断。每次谈恋爱一失败就如同刮过一阵暴风雨,她几乎有几天上不了班,在家缓缓情绪。

她说,最近又开始看心理医生,离不开焦虑症的药。

有一次在酒吧她又认识一个男人，酒后跟他开酒店过夜，第二周就有个女的，来单位找她。

她一看眼前这位黑白混血女人，并不认识，就问："你找错人了吧，我不认识你。"那女的也不闹，把酒店的账单往露西身上一扔，说："他是用我的信用卡付的酒店，他是个酒鬼，都交代了"。露西一听满肚子气，直接将酒店账单甩回到那女人身上，气不打一处来："他妈的，你老公骗我说自己单身，一身骚！"那女的也不是好惹的，回了一句："浪荡女，他妈的，你饥不择食。"有同事一看苗头不对，一个电话打到保卫科，来了位一米八五高的女警员，虎背熊腰往她俩中间一站，双方顿时软了下来。那女人被赶出医院，露西又焦虑了一周，没来上班。

她在家闲着，把公寓收拾来收拾去，带着自己的狗狗开车到加州逛了一圈，那只狗狗小的可以背在大提包里。露西的焦虑症是孤独的催化剂，有小狗陪着都不行。

一直没见她上班，直到她的钻戒掉到电梯地上的那天早上。

"被人求婚了，这么幸运！"捡起钻戒的南希在护士站首先向露西祝贺。"昨天的事了，未婚夫送的。"她挑着粗眉毛涨红着脸说。"都没听说你又约会呀？""同个公寓的，上下楼，现役军人。"

一传十十传百，不到一个上午，班上的人都知道了，为她高兴。有几位小姑娘叽叽咋咋地挤到她身边争着看那只闪闪发亮的钻石戒指，有的还要试戴，就差点儿要看她未婚夫的照片了。

下班的时候南希又与她同一个电梯，原以为会一同再冒雨走到对面地下停车场，可就在楼前，露西扭头给南希一个拥抱，说明天见，又指指楼前一辆军绿色轿车："我未婚夫来接"。南希打眼望去，车里明明坐着一位留着极短头发的女士，怎么会是她未婚夫？

露西脸红红地说："I am a Lesbian"。
南希惊愕地望着她："啥意思 lesbian？就是说你的性取向变了！"

露西诡秘地一笑："从圣诞节开始变的，

雨下个不停，露西奔 fiance（未婚夫）而去，丢下南希站在雨里发愣，一时半会儿还没有回过神儿来。她一边走一边想，这世上千奇百怪的事情太多，不以你的意志为转移。

露西未婚夫的轿车嗖的一声从南希眼前开过，溅起一抹雨雾。南希有些雾里看花。

新年伊始，露西请了一周假，到拉斯维加斯领了结婚证。

春天来临，露西心情愉悦地对南希说她再也不需要看心理医生，改看妇产科医生了。露西的肚子一天比一天大，满面春光地走来走去，对人和蔼可亲起来。

圣诞节平安夜，露西与自己的老公在医院同时诞下两名同父异母女婴，据说精子是从精子库精选，同属一人。

南希听到这个好消息，惊呆了！她努力用中文读念 Lesbian, lesbian，蕾丝边，蕾丝边。

她决定买两只带有蕾丝边的粉色简爱帽送给 baby girls。

也许，一种生活的结束就是开始。

06-21-2024

青青自白

(一)

昨天刚散了一个欢送会，今天又接着一个，都是朋友嫁出国的告别会，不是去香港，就是加拿大，我为什么不呢！看着她们一个个光彩照人的样子，都奔了美好前程，我心里很痒，我也要出国，到遍地是黄金的美国。论长相家世我不比她们差，我凭什么就自甘平庸呢。

自从与相恋五年的张辉分了手，我也有了嫁出国的想法。其实在心里我也不恨他，两人在一起太久了，总吵架，有一次闹得太厉害就打了起来，引得邻居叫来居委会。

那年我们是在舞场跳舞认识的，从恋爱的第二年就计划着结婚，一开始我父母坚决反对，说他没有一份正式工作，将来生活没有保障；再后来他的生意不好，连个婚房也买不起，脾气越来越差，总说我父母看不起他。一拖再拖整整五年，我在他与父母之间摇摆，我把青春都陪了进去，最终还是没戏。

月头儿分手，月尾儿我就相亲。去相亲也是想气气张辉，找个好男人嫁了，别以为我离了他就活不了了。

白雪皑皑的早晨，街上车水马龙，北风吹在脸上有些刺骨，我套件白色半长滑雪衫，裹一条黑色纯毛围巾，被风推著来到了约定地点解放路茶室。大清早儿店里还没什么顾客，一推开厚重的玻璃门就看见介绍人月月旁边坐着个又壮又黑的男人，我笑着迎了上去。

"青青，快来快来，这位就是彼得洪，昨天刚从美国回来。"月月起身招手，她洪亮的嗓音飘满了大厅，唯恐别人听不到。他红著脸像铁塔般站了起来，满面春风地伸出右手，我握手时用双眼迅速扫了他一遍，彼得洪上身穿件深蓝色西服，里面的白衬衣领口上打条淡蓝色领带儿，蓝色西服裤，裤缝笔直，脚蹬一双尖头黑皮鞋；个头儿足有一米八，皮肤黑里透红，高鼻细眼，宽脸阔唇，加上硬硬的寸头。我没好意思再细细端详，靠着月月姐身边坐下。她要了两杯红茶及一盘儿糕点，说自己还要去超市买菜，让我们自己聊，冲我挤挤丹凤眼就走了。

剩下我俩尴尬地坐在那儿沉默了几分钟，还是他先开了口，问我哪年出生，家里还有什么人，想不想出国。我心想，当初就是因为他从美国来我才答应相亲，当然想出国。我说："月月姐一定介绍过我的情况了，我今年二十七岁，有一姐一哥，歌舞团一普通演员。"空气里突然有点窒息，我也不知道如何攀谈下去，真想听一段轻音乐舒缓一下气氛，喘一口气。

"你有啥要问的，还有什么想法？"他站起来为我添了一杯热茶。我不加思索地告诉他："我有过一段五年恋爱史，因性格不合刚刚分手，你不介意吧"

他尴尬地笑了笑没吭声，低头用手正了正领带，清清嗓子。

我也不知道自己在想什么，脑子里乱七八糟，为什么要告诉他我有过一段刚分手的恋情呢？月月姐一定会骂我傻，别人隐瞒还来不及呢。没多久我们就离开了茶馆各奔东西。

除了每天早上按时到歌舞团报到，练两小时功，偶尔排排练，一到下午我会一如既往地与几个姐们儿相约到合资的服装店上班。业余时间会借几本小说翻翻，大家轮流看"十月"、"收获"杂志，对里面的小说讨论得不亦乐乎。偶尔会想想前男友。

一周后月月就来找我，说彼得洪回话了，对我很满意。她问我啥意思，我问我妈啥意思。

我妈坐在我们对面，一边给月月倒茶一边大声说："我的老祖宗呀，你如果再不结婚就真没人要了！"

我也气不打一处来："没人要就自己单过呗！"我的嗓门儿也不小。事后冷静下来也觉得自己有些歇斯底里。

后来我和彼得洪有了第二次约会，在餐厅他竟然告诉我，上次见我之后还相继见了其他两位姑娘，说她们没我长得漂亮，恭维我长得有点像巩俐。他又说："不想找太年轻的，怕靠不住，像你这年龄正适合我。"我听了马上就不高兴，搞得像"选美"似的，见过我还要去见别人。他看出我不悦，就补充说："朋友介绍的，总要给个面子吧，再说这次回国就是为了找结婚对象，就得找个自己喜欢的。"听得出他还挺理直气壮。

说实话，我对他并没有一见钟情，能离开这座城市跟他到美国就行，至于以后会怎样我没想那么多。第三次约会我俩去看了场电影"欢颜"，因剧情的发展挺感人的，在座位上彼得洪竟然想亲我一口，被我轻轻推开。

"等领了证再说吧"我说，看得出他有些扫兴。

背着他我去找过张辉最后一次。那日天色已晚，我不知怎么就走到了张辉的汽车配件店门口，推开后门就是睡房，只见他蓬头垢面地斜靠在床头上抽烟，屋里烟雾缭绕，伸手不见五指，音响像炸开了锅一样震耳欲聋。见我进来他并不意外，猛吸一口过滤嘴香烟，张开大嘴若有所思地对着屋顶吐出一股白烟，然后很劲儿将烟头按灭在床头上压扁的啤酒罐里，就像老鹰捉小鸡一样他冲过来抱了我就向床上扑过去，那双臂的肌肉让我轻飘飘轻飘飘得像进入梦乡……

我与他就是这样，每次的模式都一模一样，如同日出日落，千年不变。打架之后就上床亲热，完事之后又会为鸡毛蒜皮的小事吵得不可开交。那晚，我与他一句话都没说，就在那张熟悉的床上翻云覆雨，缠绵悱恻了一整晚。直到天明，看着他那张沉睡过去的帅脸我含泪撕开烟盒，在反面写下"我要结婚了"几个字，就依依不舍地离开了。

月末，我同彼得在民政局办理了结婚证，钢印压下去的那一刻他激动地握住了我冰凉的手。并肩走出市政厅大楼，我的双腿像灌了铅似的，那一级一级的台阶怎么都走不完，自己竟然这么轻率地嫁给一位认识还不到一个月的男人，与张辉五年的感情在一夜之间就随风而去。想到这儿我突然瘫坐在最后一级台阶上，用涂着红色指甲油的双手捂住自己的脸嚎啕大哭。

彼得蹲下身子轻轻地抚摸着我的肩膀，他柔声细语地说："青青，我一定会对你好的。"这话好耳熟呀，张辉也曾说过一模一样的话。

名副其实的闪婚把自己亲手送入了先结婚后恋爱的境地。

婚礼简洁得体，父母邀请了所有亲朋好友，新郎家就彼得一人。我拿自己的积蓄置办了一场梦幻般的婚礼，用白色礼裙把梦想般的身体及灵魂统统装了进去，订了一周的酒店来做新房。

彼得一毛不拔。我理解，他来回也花了不少路费手续费，我想原谅他，可他连句要出钱的客套话都没说出口。

曲终人散，望着镜子里自己浓妆艳抹的脸竟然那么陌生，一股无比空虚的伤感涌上心头，要是施魔法把彼得变成张辉就好了,为什么不是张辉呢!看着喝醉了的新郎昏昏沉沉地拉上落地窗帘,恍恍惚惚向床边躺下,他还用左手摸着枕边儿,喊着我的名字的场景,我以为自己是个旁观者,一切都那么不真实。我不由自主地伸出双手在空中抓寻着空气,想证明这一切的真实性,可什么都没抓到,我相信灵魂会说话,可它这次保持了沉默。

已经凌晨三点钟了,他粗壮的身子倒在大床上随着呼噜声在颤动。一想到不久的将来自己就要离开生我养我的父母以及这周围熟悉的环境,跟这个陌生男人远走高飞,我的泪水又涌了出来。

一周后,彼得依依不舍地飞回了西雅图,急着回去上班,我搬回父母家,日子回归正常,真像做了个婚礼梦。

那年还没有手机微信,国际通讯缓慢,他鸿雁传情,可信件往往在路上要走一个月。九十年代国门刚刚打开,正值出国热,广州美国领事馆外等待签证的队伍从一大早就绕街道几圈,人们怀着激动的心情相互交流着签证经验。对于单身女人,签证官问得特别仔细,就怕有移民倾向。当我顺利拿到签证盖章时心情特别复杂,既激动不安,又高兴伤感。

离开中国的那天,我如众星捧月般被一大群人簇拥著到了机场入口。父母哽咽著说:"你在中国长了二十几年,还从来没有真正离开过家",看着招手告别的乡亲父老们我再也控制不住自己的感情,泪眼朦胧中我似乎还看到了张辉站在站台的柱子后面,向我招着手。这是我结婚后第一次,也是最后一次见他,他的身影连同我们的过去被我的泪水彻底融化了。

当飞机腾空而起的一霎那,我的脑海里立刻展开了一幅自己二十多年的生活画卷。

(二)

那天,西雅图的天气特别温和,中国北方冰天雪地的印象还未褪尽,这里的春天就要来临。刚过海关,就见彼得洪穿件红色衬衫傻里傻气地站在寥寥数几的人群中频频向我招手,怀里还捧著一束红色玫瑰花。诺大的机场没有几个人接机,不像我想象得那么热闹与喧哗。

这座城市给我的第一印象是温文尔雅,甚至有些随意的冷漠。

他健步如飞地迎上来拥抱我,我有些不好意思地左右望望就软软地推开他,指指地下的两只大箱子。他一手搂着我一手推著箱子就往门口走,还一边说:"我专门穿件红衣服好让你早点儿找到我"听他这么一说我倒觉得彼得还挺幽默的。上了那辆蓝色旧福特,他亲自帮我系好安全带,顺势抱着我的头在我的左脸颊不停地亲呀亲,像一位年轻父亲亲吻自己的女儿般充满了父爱,炙热的嘴唇含着热气吹得我痒痒的,我觉得既尴尬又遥远,多少对他有些抱歉,我还没进入自己的角色。

西雅图的市景从车窗闪过，联合湖上飘满了白色的帆船，太空针率领着清丽的楼群向我招手以示欢迎。这是一座美丽的充满秀丽风光的海滨城市。

彼得以前说过，我们将住在一栋house里，但我绝没有想到他所谓的house竟是一间阴暗的地下小屋，除了卫生间外，厨房与客厅还要与其他两位租客合用。他个子高，进出时门框都会碰到发梢，连我踏进屋时也不由自主地缩头缩脑。沿着长满野草的几阶破砖楼梯走下地下室时我的心一下子就凉了大半截儿。

唯一让人安慰的是这不算大的房间收拾得整整齐齐，那张用大红毯子盖着的大床，的确像彼得说的是张新床，五角的小桌上还摆着一大瓶玫瑰花，给这个小屋增添了几分温暖与浪漫。强忍着老屋地下室的潮湿味儿我坐在床边长长地舒了一口气，他从冰箱里拿罐可乐，"嘭"的一声打开，递给了我。看着床头墙上那张放大了许多倍的结婚照我尴尬地对他笑了笑，觉得照片里的我们都很傻，尤其是我，笑得太假。

他在我的身边如坐针毡，显得很兴奋，一下子摸摸我的肩膀一下子又亲亲我的嘴唇，我知道他啥意思，就说："你父母正等着我们过去吃饭呢，去见见你的家人比什么都重要"，记得他有讲过父母和两个姐姐住在中国城。

家宴比我想象的还要丰盛，不大的方桌上摆满了菜碟，鸡鸭鱼肉一样不少，一锅煲了一上午的热汤冒着浓郁的老汤味儿。他父母年龄在七十岁上下,都穿一身运动衣,一红一蓝,讲著家乡话,我一句也听不懂;两位姐姐长得可爱,宛如高矮不一的双生姐妹,圆圆的面庞堆著一样真诚的笑容,长头发都绑在脑后,紧身裤,上身各一件花晴纶夹克衫。她们俩轮换著说话,慢条斯理,普通话里夹杂著粤语。她们说我是"靓女",真长得有点像巩俐,还说我的头发生得怎么又黑又光亮呢。大姐还说:"我弟弟很老实,一定会对你好的。"

她拿出个首饰盒子递给我说:"这是弟弟辛苦打工买来的,代表全家送给你",打开一看,是一串白珍珠项链,我赶紧双手合十说声谢谢,看得出姐弟情深。我也递上买给公婆的礼物,还有给两位姐姐的衣服,讲了一些客套话。

在油烟味儿缭绕的窄小公寓里只待了两小时彼得就急著要回家。一路上他温柔似水,情真意切,还绕到商店买了瓶红酒。

一回到自己的小窝,他倒了两杯红酒,迫不及待地举杯说:"都有半年没见你了,真想!"还没等我反应过来,他仰头喝下一杯红酒,放下酒杯,抱了我就冲进了浴室,用那双大手颤抖著帮我洗了个热水澡,然后裹上大浴巾把我扛回到了卧室。在那个盖著红毛毯的新床上,我们有了在美国的第一次肌肤之亲,那晚我睡得昏天暗地。

第三天他就回单位上班了,说不上班就没有薪水,这就是美国。他在一家电子公司做装配工,每天要乘一小时的公车,公车票单位补助一半。他说工作轻松,只是乏味单调,工人大都是东南亚地区的妇女,有一半都是广东人,坐在那里手不停嘴也不停,这家媳妇那家婆婆地唠叨。在那里工作,不会讲英文也行,工头儿是个英文好的小伙子,又会讲粤语。

白天我坐公车到中国城瞎转,那巴掌大的城里没见几个人影,只有一些老人三五成群地拉着大包小包在大桥下等著 food bank 开门,领取免费食物。一些门面残旧的杂货店挂着 open 的牌子。我一家挨一家地闲逛,看招不招人。没想到第三天我就找到了送广告的工作,每天到指定的地方领取一定数量的各种各样的广告条,然后塞进各家的邮箱,一小时三美金,工作半天就收工了,我开启了自己在美国的第一份工作。那时候还没有网络,广告靠送。

我拿第一份工资请彼得吃麦当劳,花了不到三美金就吃得相当不错,比中国的麦当劳便宜多了。当时物价便宜,一加仑汽油只有九十九美分,一袋子黄灿灿的橙子也九十九美分。

他说等我有了正式工作,工资最好都交给他保管,他会管账,我没吭声。我还没有银行账户,我把带来的五千美金拿报纸包好,塞进一只靴子,再放进鞋盒子里,外面套著个塑料袋,与一堆衣服放在一起,怕彼得发现,也怕老鼠咬烂。我过着一种还不能相信任何人的日子,也没自信,更心里没底儿。

离开中国的嘈杂生活环境，美国就显得特别单调而寂寞。平常街道上也见不到几个行人，汽车平和地穿梭在大街上，少了些喇叭和人群的喧闹声。

彼得告诉我，他大姐昨天又给他上了一课，大姐说："你老婆又能干又漂亮，你根本镇不住这个老婆"，他学着大姐的声调给我听，原以为我会当笑话听听，可听着这些无聊的话，我觉得又可气又可笑。

他到美国这么久了，还做的是一小时五美金的娘们儿活儿，住的是地下室，开的是旧车，永远满足现状。我这才理解为什么他在美国找不到对象，这里的劳动人民流传一句名言："No Money No Honey"。

那年月，大陆人不清楚这里的情况，华人单身男都是回去"选美"结婚的，带来的媳妇基本比男方自身条件要好。那是一种潮流。

夏日的周末天特别蓝，我斜靠在有窗口的白墙上向外眺望着，一边打开从国内带来的童安格老歌磁带，听到"明天你是否还依然爱我"那首歌里的那句"轻轻地打开你的收音机"时我有些被迷住了。他的嗓音特有的淡淡哀愁，似乎以旁观者的身份吟唱着芸芸众生的心态，彻底抚慰着我心底的忧伤。那一霎那我深深地被感动着，仿佛自己的灵魂正在一撮撮被拿出来洗涤。

我思念父母、哥姐及朋友们，也常常会想起我的初恋，隔着窗口的栏杆，望着那条布满野草通往外面世界的唯一小路，它带着几分神秘的色彩，就那么延伸下去，仿佛一直延续到北京，延续到我经常去逛的书店。路边有几朵黄色的蒲公英在阳光下懒洋洋地颤抖着，向我招手。每当独处时我就会后悔自己当初的冲动，来到这个陌生的国度与陌生的人家是多么孤寂。

彼得周末也在加班，他的口头禅是"加一天是一天"，当他累了的时候也会发脾气，有一天他加班回来晚了，我做的菜辣了点，他就埋怨说："怎么总是做你们北方菜，又辣又咸。"还扬言以后这个家他说了算，并在此又提及："等你有了正式工作，就得把工资通通交给我管，这租房费你也有份儿。"他还提到上次我到他妈家吃排骨时一次往碗里倒那么多酱油，实在是浪费。他大姐说了，以后谁吃酱油谁来买。为此我和彼得洪吵了很大一架，第二天我就跑到中国城买了一大桶酱油，让他直接提到他父母家去了，够他们吃一年也吃不完。大姐像魂儿一样整天在我们之间晃悠。

彼得见我真生气了，就向我解释说："姐也是好心，美国酱油确实是比油都贵！"可我就是想不通，为什么他们到美国那么多年了连瓶酱油都舍不得吃呢。

以后的一周，他还整天拉着个脸，回到家就吹胡子瞪眼睛的，像变了个人似的。我也气不打一处来，我俩就这样针尖对麦芒的过着。春节的时候我买了一大箱富士苹果回家，他见了就生气，埋怨道："你见谁家一次买这么多苹果？都是几个几个买。像你这样过下去，这个家都会被你败光了。"可到了下午，大姐的两个孩子来家里，一人手里抓两只苹果跑来跑去，看得彼得满脸不高兴。

一天晚上，他在大姐家喝多了，强压在我身上，我使出全身力气翻身下床在抽屉里翻出一把小剪刀来对着他，我两眼放光，血液沸腾，我想着这些天来他的言行，想着他大姐的多管闲事挑拨离间，我哭喊着："我们离婚，明天就去办离婚，后天就回中国。"

他被我的喊声吓醒了酒，突然哭了起来，半跪在我的面前，抱着我的腰身发抖，我看着自己手中的剪刀，突然像发了疯似的，推开他，拉开了房门冲到了茫茫夜色里去了。在那无声的满天星辰下，盲目地顺着那条小路跑着跑着，仿佛要跑回中国，跑回原来的世界，跑回到没有烦恼的童年。泪水布满了我疲惫的脸庞，当彼得找到我的时候，我恍恍惚惚地靠在离家不远的一棵大树下。

我是被他一路抱着回到家里的，抱我的那双胳膊多么有力呀，我紧闭着双眼不想看他，可他含着酒味儿的双唇紧紧地吸到我的唇上，两张嘴就像长在了一起，我的矜持彻底崩溃了，那晚我原谅了他。

我承认自己是个心软的女人，也不知道为什么那晚的自己又孤独又悲伤，活像个可怜的人儿。在他的怀里，他向我透露了一件事情。

原来一周前，他大姐正式找他谈话，再次提醒他："为了长远考虑，你从一开始就得制服你的老婆。咱们中国家庭男人说了算，家里大小事都得听你的。"他还说别生姐姐的气，她这都是为了弟弟着想，为了维护这个家。我听后肺都要气炸了！

(三)

他说暂时不想换工作，一份工作干惯了有种安全感，我说"树挪死人挪活，你在华人堆儿里英文永远学不好"，他梗著脖子看我一眼。

一天我无意中翻看"西华报"，发现有一家日本料理店在招一名打杂，我抱着试试看的心态走进料理店，用蹩脚的英文见工后，又怀着失望的心情离开了那里。心想自己的英文实在不行，可没有想到一周之后我被告知去上班。

我的具体工作是收拾碗筷，还要打扫餐桌卫生，工作的辛苦让一周发一次工资的兴奋劲儿给冲淡了。无论是谁，到美国一切都得从新开始，以往在中国的一切荣誉都归位为零。当我拿着第一周的工资请彼得吃大餐的时候，他还不怎么高兴："老婆，你花钱也太快，刚发了工资就大手大脚"，我的兴致被他一扫而光。我到银行开了自己的账户，把那藏在鞋里的钱也存进银行，看着属于自己的美元存折我感到从未有过的安全感。那时候有一两万美金就可以考虑贷款买房子了。

店里的生意很好，有一天做寿司的师傅临时有事老板又找不到人，他见我勤恳刻苦，竟让我试手学做寿司。当师傅回来后，我送了一把寿司刀给他，那时候一把刀一百美金，人说：刀就是厨师的武器。我从早到晚都围着师傅转，希望他传授技术给我。

师傅是位从日本东京请来的中年寿司师，人长得秀气干净，眉宇间有种难以言表的坚定，虽不会多少英文，可热情，执著，对女人有种不可抗拒的魅力。我对他产生了一种莫名的好感与情愫。有些日子因为与彼得闹矛盾，我已经产生了对师傅的一种爱戴。因为他妻子突然从东京来探亲，他休假两周，我才检点了自己内心，把那颗即将出轨的心收了回来。

每日卖剩的寿司还可以带回家，彼得也乐得合不拢嘴。晚上我又开始到社区大学免费上 ESL，学英文，他还趁下班时间教我学开车，我还学习给他剪头发，他说外面剪发太贵了。我想笑，第一次给他剪头剪了个盖盖头，像儿童头型，他也没意见。说实话，新移民总是用美金换算成人民币来想问题，当然美国所有东西都贵。我们就像其他夫妻一样平静地生活着，在这段时间里，我对彼得产生了一种兄长般的感情，对他充满了感激。

有一天他突然对我说："青青，你什么都好，就是不像我的女人，也不会讨我喜欢。" 我看看他没做声，心想，我根本就没想成为你的女人，瞒着他我一直在吃避孕药，我在还没有找到自我的时候不想陷得太深。彼得希望我怀孕生子，他全家都在这么希望着，可我的希望又是什么，又在哪里？破房子破车破工作，我不能这样生活，改变命运的时刻到了。

我尽量控制住自己想做母亲的欲望，我还没有爱上他，也不讨厌他，就像一样熟悉的摆设不得不摆在家里一样，我只是习惯于他的存在。在人生观上我和他的家人格格不入，这也是我们结婚前不曾料想到的问题。

以前彼得经常去教堂，他受过洗，后来教堂让捐钱，再加上教堂里中国人来源复杂是非多，他也就不再去了。我去过两次，想多认识些人，也经常有朋友来家里传教，苏珊就是这样认识的一位朋友，她善意来家宣教，还免费教我英文，多年前她在国内旅行社工作。苏珊是一个很漂亮的女人，小巧玲珑，生性活泼。五年前他的丈夫不幸车祸身亡，她把心思转向信仰，对婚姻也不再感兴趣，据说她丈夫出车祸时旁边坐的是他的情人。

我约了苏珊一起散步，她因为有主而显得相当沉稳，对世界的看法近乎有种神秘色彩，我们谈小说，谈中国，也谈弗洛依德，还谈男人。她对男人的认识是最原始的，认为男人就是一架播种机，延续著古老的传宗接代。我说也有美好的男女之情，她笑着解释人类所谓的爱情，不过是过眼云烟。开始于情欲，随着情欲的衰老而终结，爱情变为亲情，或者无情。谈到我目前的生活，她觉得太委屈我自己了，认为我应该早日脱离苦海。话讲得容易可做起来并不容易。对于苏珊的看法，我也并不完全认同。

彼得并不喜欢我交朋友，因为他没有一个朋友，他以为朋友多了就增加了花钱的机会。他不求人也没有人求他，更享受不到人与人交流所带来的快乐。

个性里的耐力和灵活性给了我无限的机会，当再次看到报纸有招人的广告时，我请老板写一封推荐信，从此我成为一家较大日本料理店的唯一女厨师。

在日本的餐厅里有种讲究，一般是不欢迎女厨师的，因为他们认为女人每月来例假不干净，觉得没有运气，对生意不好，东方国家里或多或少的陈规陋习被带到美国。我尽力把工作做得出色，他们把我当男人用。我有了一个月三千美金的收入，而且一半付现金，我比彼得多赚一倍。我毫不犹豫地将一千美金交给他作为家用，其它存到自己的账户里。逢年过节，给父母寄一些。

日子就这样一天天地过着，在我到西雅图一周年的时候，我们开车到加拿大温哥华玩了一圈。从西雅图开车到温哥华只需两个半小时。

走在唐人街的路上，仿佛就像回到中国南方的某座城市，人头攒动，熙熙攘攘；又像旧电影里的老店铺街道儿一样传统。温哥华的中国老城街景是陈旧了些，可那里的中国菜馆有着正宗的中国菜肴，不像西雅图的中餐是典型的美式中餐。我们整个早上都在中国城闲转，还买了不少零食，像香瓜子、话梅糖、及各种糕点，还有几只花样古色的盘子。买这些东西彼得极力反对，我花自己的钱他也没办法，每次出门都少不了为花钱的事吵架。他不花钱也不让我花，对生活品质的要求很低。

我家生活水平的提高阻力很大，我常常会再次审视自己的婚姻，就觉得自己嫁到美国的代价太大，太匆忙。彼得洪是个循规蹈矩之人，又不要求上进，有时我会从心里看不起他，但一时半会儿也很难脱离这种既简单又复杂的关系。越在一起生活越发现他根本就没有什么远大理想，破房子还是租的，家具是从二手店买的，工作都是妇女能干的，他还觉得心安理得，活得快乐轻松。那一时刻我有些颓丧。

我像往常一样上下班，也如月交纳自己那份儿生活费，可他还是不满意，他让我抽时间去医院检查一下，看为什么都结婚一年多了还没有怀孕。我说："为什么你不去检查呢？"他沉默了片刻才回答："我自己没有毛病，我已经检查过了"我生气他没告诉我。

我对自己吃避孕药的秘密行为有时会感到惭愧，可一分钟后这种感觉就烟消云散了。下来的一周我们没有吵架，但却开始了冷战与相互的心理折磨。

大姐夫是个粗人，在面粉厂开卡车，听大姐说，当年在大陆他连初中都没有毕业，凭着家里的亲戚最先移民到美，然后回去"选美"大姐结婚，才申请家人一个个来到了美国。姐夫常以功臣自居，喝多了会抡起拳头朝大姐挥几下示威，大姐对姐夫有几分胆怯，平时做些下酒菜,让弟弟陪姐夫喝几盅以示好意或平衡关系,这都是彼得告诉我的。我并不阻挡他去姐姐家喝酒,男人要脸。

事情总是有利有弊,因为他到姐姐家次数多了,就难免谈到我们俩的私事,姐姐也替弟弟出出主意,每次彼得从大姐家回来就准没好脸。这天晚上他一进门,就喊要喝茶水,我倒了一杯茶递给他,他喝了又要,我又倒了一杯,第三杯茶刚放到他面前,就被他一把打翻在地,并喊道:"给我洗脚,给我搓背,给我生儿子。"

看着他那副丑态百出的嘴脸,我觉得可笑又可气,就扶着他躺下,我先洗了澡,自己到沙发上睡了。

在蒙蒙睡意中,又像是在梦里,我突然感到有一双强有力的手抱我起来,在黑暗中我喊着,双腿乱蹬,可那双胳膊像一把钳子般紧紧地夹着我的胸和大腿,移动着,移动着。我睁开双眼看到的是彼得那双布满血丝,兽性十足的眼睛,他满脸扭曲了的表情含着愤怒和委屈,就像一只饿狼般疯狂。我每次遇到他这样,就有一种说不出的兴奋,我的血液也随之沸腾,斗志也随之崩发,我使出力气挣脱,我越挣扎他抱得越紧,随之就是你死我活的抗争,可我哪里是他的对手,他喝了酒的胆量结合了长期压抑的愤怒一股脑儿释放出来。

当醉意渐退的彼得从睡眠中醒来时,我靠在墙角里颤抖著委屈的心灵,我恨他,怨他,我真想扑过去咬他一口，然后消失在夜色里。他仿佛刚刚发现我一样，从床上跳下来拉过那条红毯子轻轻裹了我，将我高高托起，我不由自主紧紧地搂住了他的脖子。我不知是怎么了，那一瞬间我竟然有些爱他。我承认，抛开他的无能与懦弱，单从男人身体的角度，我并不讨厌他，可一想到他的为人处事，想到他的迂腐笨拙，想到那爱管闲事的大姐我就又对他失去信心。我下决心要快些离开他，要不然我会被他的身体所迷惑，我会因为自己年轻身体的需求而被困在泥团之中。我每天都在下着同样的决心。

（四）

在来美两周年时我决定回国看看父母，老公并没有反对，他到旅行社为我订了一张往返机票，并破例上街买了很多东西，还有送家人的礼物。在我临走前的一天，他请假陪我，并做了一桌子菜，晚上特意还点上了两只红蜡烛，倒了两杯红葡萄酒，坐在我对面。当他举起高脚酒杯时突然问我："你还回来吗？"

我用异样的眼光望着他，觉得有些伤感："你不是买了来回票嘛"

我举起酒杯红着眼睛默默地抿著酒液，透过红红的葡萄酒杯，看着他那张没有表情但棱角分明的男人脸，我知道自己开始喜欢这个男人的肉体，可作为有灵魂可以依靠的男人，我还没有爱上他。

做人真难！我是想一走了之，我不想耽误彼得要儿子的计划，他已经三十五岁了，还能找到生育年龄的老婆，我凭什么要耽误他呢，像我这种人就不应该结婚。

这回我借着酒劲儿主动投怀送抱，我昏沉沉地将软软的身体依偎在彼得怀里就像个孩子，他突然大哭起来，那两根蜡烛也正在流着泪熄灭着，我的理智慢慢被侵蚀，丧失掉尊严。我的母性盘绕着每根儿神经，在向上攀爬，面对哭泣的男人我不知所措，我有些爱怜他了。如果他再这样哭下去，也许我会取消自己的计划永远留在他身边了。

我原计划在回国前将自己银行里的两万美金转到他的账户上作为对他的补偿，就当我们是假结婚，我用钱买了张绿卡。我就是个骗子，我用自己的身体，让他觉得我爱他离不开他。那晚我们做了最后的缠绵之后，他留给我一句话："如果你离开我我就去做和尚"。

他知道我对他还不满意，他保证努力工作，计划去买房子，换工作。我说："何苦呢，你为了我而去改变自己，我不想让你因我而改换自己几十年的生活方式"，可他说："我爱你就应该改变自己让你满意"。对他的心情我理解，可对他的能力以及家庭的阻力，我表示怀疑。我建议两人先分开一段时间好好想想，他沉默不语。

周二的早上彼得送我到机场，伤悲的告别在这里就不再提及，他想着我不再回来了。

在国内只呆了一个月,我妈说我比克林顿还忙。听说张辉也已经做爸爸了,老婆是他店里的店员,看来谁离开谁都能活。

我改签机票,提前几天回了西雅图,就是不想见到彼得洪,双方需要冷静,好好想想前途才是。从客观上讲,与他结婚后我才能来到美国,如今婚姻出现问题也不奇怪,当初谁也不能保证这段婚姻能走一辈子。我到银行把两万美金转给了彼得。心想,像我们这样的没有感情基础的国际婚姻到头来分手的在美国可是司空见惯了,我在心里为自己不停地辩解。有一天,大姐打电话来骂我:"你可把我弟坑苦了,你就是个大骗子。"我就是个骗子,一个感情骗子。

我暂住在苏珊家,一周后在 lake city 临时租到了一间房子。上午刚刚整理好小屋,邻居就来按门铃,拉开门,见是一位漂亮的亚裔姑娘,看上去不到三十岁的样子,我问她:"有什么事?"她微笑着用中文说:"看到你搬家,想问是否需要帮忙,我住对门儿。"我感激地握住她伸过来的手说:"一个人没什么行李,都搞好了,谢谢你的好意!"

认识这位叫南希的姑娘觉得很开心,我们同租一位白人老太太的房子。听说几年前她从东北随旅行团来,结果跑了,就黑到美国,后来找律师搞了个宗教庇护,拿到绿卡。目前在一家房产公司做经纪人,晚上还在上课学会计。南希告诉我房主老太太正在卖房子,最近会有人来看房。

周六早上,听见有人在敲南希的房门,起码有两分钟,还没见她来开门,我知道她这会儿在家。正想拉开门帮忙叫门,门开了,南希对那男人说:"不好意思,请你等一下我!"从门镜看他的背影,高个儿光头,一身运动装。我突然觉得这个背影有一点儿熟悉。

我又扒门镜仔细一看他的侧面,竟然傻了,没想到那男人竟是彼得洪,他的光头锃光发亮,像打了蜡似的,我的心顿时火冒三丈,血一下直冲头顶。这时南希穿戴整齐,与彼得一前一后出去了。

我感到非常奇怪,当初离开他不觉得他有多好,可看到他跟别的女人来往我还会生气,难道他们在谈恋爱吗?我们还没有离婚呢!我真想冲出去揪住他,我的虚荣心不能容忍自己还没有离婚的丈夫另寻新欢,并且他还找我认识的人。那晚我失眠了,我真想听听他们的解释,但又一想,像南希这样的姑娘不可能找他吧。

回美国后我常常感到昏昏欲睡,每天一下班就倒在沙发上发困,估计是时差还没倒过来,原计划周一打电话给彼得想见个面,谈谈我们的事,也搁置了。

星期天的傍晚,我提着刚刚买到的一袋子苹果正掏钥匙准备开门,突然感到一阵眩晕,眼前一片漆黑,我想蹲下会好些,可身体根本不听使唤就那样慢慢往下倒,我迷迷糊糊地听到有人叫着我的名字,还听见钥匙开门,脚踢门的声音,然后我就什么都不知道了。

不知睡了多久，有人给我往嘴里喂水，还叫着我的名字："青青，青青，喝点水吧！"这声音是彼得又像是张辉，在朦胧之中，我看到的是剃了光头的彼得，我问："你是彼得洪吗？你是不是走错了门？你剃个光头干嘛？"后面有几个人交叉著说的什么我听不清了，我就想睡觉，睡个能做美梦的觉。

"青青，这里是医院，护士给你正打点滴哪，你严重虚脱。都是我不好，是我不好！"只见那个大光头上冒着汗珠儿，我闭上了眼睛想再多睡一会儿。

睡了很久，感觉有人一直握着我的手。到了下午我感觉好多了，还喝了一些彼得带来的稀饭，说是大姐做的。有人敲门，他出去了一趟，回来的时候面带笑容说："医生说你可以出院了，我们可以回家了！"一边说一边替我披上我的那件粉色睡衣，把我抱起来放到轮椅上，用我家那条红毛毯盖上。回到家他才告诉我，化验单出来证明我怀孕了。他坚定不移地说孩子是他的，是我回国前的那次。

我没想到自己会怀孕，就是个意外。

他说："最近一直在看房子，南希是经纪人，是她让我偶尔发现了你的住处"。我奇怪地问："你哪儿来的钱买房？"彼得红著脸说："平时你说我小气，钱都是一点点从牙缝儿里抠出来的，为了买房，你给的两万也投到房子里了，对不起我没与你商量。我这些年存了五万，房子的事情基本搞定了，钥匙就要拿到了。"

彼得的这番话让我楞住了，他卧薪尝胆竟存下这么一笔房款。他继续说："我正在搞贷款，很快就会搞定了。咱住楼上，楼下两间还可以出租，租金就够还贷款了。楼上主人住的三室一厅还真合适我们呢。我现在也在波音公司受培训，准备换到波音公司工作。"

我迷迷糊糊地听着他唠叨，只字不提离婚的事。就这几个月他真得变化很大。我指指他的光头，他说："如果你与我离婚，我只好去当和尚了。" 我说："在西雅图估计你也找不到庙门儿。" 我鼻子一酸，将头转向里面。

08-2013

熟视无睹

司空见惯了，就会熟视无睹。

对于巴黎地铁里和街道院口卖艺的人群来讲，我算是个不错的观众！曾几何时，我多瞥他们几眼，还会丢几块硬币，在那不怎么干净的杯子里，让金属碰撞的声音，混杂在渺渺的音乐里。

巴黎的地铁已百年历史，可依然显露出老牌资本主义的"铜墙铁壁"之坚固。熙熙攘攘的人群上下窜动着，想必大多是为了讨生活，才这样不辞劳苦地下了东趟赶西趟。女人的皮鞋跟儿乒乒地声声落耳，男人们黑色呢子、半短大衣也风似地飘起一角。卖艺的人三两成群，赶趟儿似地冲进地铁。刚等地铁一启动就开始撂开嗓子，或拉开琴弦、或吹响号角，没有任何前奏，动作既显著机械，神情也麻木呆滞。随着报站声音响起，其中一人端著个纸杯子，挨着个向准备下车的乘客索钱。我观察每天都被索要的乘客们僵硬的表情，心头儿立刻蹦出"熟视无睹"这几个字，便也哭笑不得。因为并没有几个人向杯里丢钱，可索要者也并不觉著难堪，更是面无表情地"熟视无睹"于自己的收获。聊几句闲话，对这些艺人在晃动的地铁上匆忙地献艺，目的很纯，就是为了讨钱。因为地铁的局限性，既制约了他们展现才艺的心情，更制约了我们欣赏者的情操。

下了地铁，穿过细长的走廊，有个婆娑长影的黑衣女人，戴着双镶著旧丝边的黑手套，正在拉着大提琴。低沉的中音娓娓道出流水般声音，全荡漾在回廊里，仿佛在欢送这源源不断的人流。有更多的欧元，被放在敞开着的琴盒里。拉琴女人忘我的投入，更让琴声富有艺术性，可仍然有熟视无睹者匆匆闪过。据说，周末这地盘更是吃香，或许表演者为钱也是为艺，钱和艺在这里便相依为命了。

最让我感动的是位于蒙马特高地的至高无上的圣心大教堂，具有拜占庭式和罗马式为一体的白色圆柱建筑，在阳光下闪著光芒。有一老者站在楼梯的最高点拉着贝多芬名曲，小提琴的高音，顶着晴朗的天空，仿佛在为上帝歌唱。教堂圆顶上的巨幅油画，神秘地被小提琴明快的曲调华丽地渲染著，你会觉著既浑然一体，又格格不入。这天体合一的美妙景像，在凛冽的寒风里，真实地存在着，反而让你觉著自己就像在梦境了。对于幻想无数的我，这无疑是一生里不错的收获。老者的琴盖里不断有人投钱，他眉开眼笑地俯视着眼底下这座美丽的巴黎城，巴黎在此时此刻，显得是那么真实和唾手可得。

法国人常被艺术熏陶著，便应了耳濡目染的常理。我们也被"巴黎"艺术了，虽然只有这短短的几天。

熟识无睹的是巴黎人，我不是巴黎人。

05-2016

猫也烦过

每次见到劳拉我都会想,为什么她没瘦过!

这个老掉牙的问题总盘旋在我的脑海里,是因为劳拉常在减肥,各种方法都试过,可从没瘦过。她那样圆圆胖胖、平平扁扁的脸型根本与美国人挂不上钩,可她祖祖辈辈就是美国人,吃着西餐,喝着牛奶,讲着英文,毫无疑问。

当我第一次见到她,我就猜得到她养的宠物准是猫,简直是神呆了,一问果然如此。我不想夸大自己的读心术,可她的神态惟妙惟肖就像只肥猫,懒散朦胧,慢条斯理。

世上的事情讲不清楚,有些近朱者赤近墨者黑的神韵,似乎物以类聚,又有些相依为命。劳拉既没丈夫也没孩子,那只五岁的公猫便是他的丈夫兼儿子,取名凯文。他身长两英尺半,体重十三磅,可谓 big boy。劳拉说,儿子是她的影子,同进同出同吃同睡同散步同购物同看电视。她每次讲到凯文便眉飞色舞。可想象他们一同散步的场景,一前一后信步漫游,跟随着主人,凯文的长尾巴还摇晃着。

她说,养猫直接原因是猫能自己照顾自己,主要原因是猫能伴她打发寂寞。大门底下开个小门,车库门开个缝儿,有个小木房睡觉,任猫游荡,食和水总是在盘子里,也不用给他洗澡。他每天到处闯荡,每次都有个惊喜带回，嘴里噙只小老鼠或小鸟，也是习以为常。

养着养着就上瘾，最近她又领养了两只小母猫，她的心思全放在小的身上，不曾想有了小猫后没多久，凯文就失踪了。劳拉到山后喊了几次也没有回音，更没有回家。她也伤心了几日，并认为凯文生了自己的气，不再愿意形影不离。

过了几个星期，邻居上门来道歉，说他们给凯文开了一次门，从此这小猫就住在他家了，还说他们很喜欢凯文。劳拉有些生气，明明是自家的猫，却被别人收养。后来她气消了，去邻居家看凯文，发现邻居家给凯文买了个大床，还有一些玩具，最好的猫食也备着，她心里很不是滋味，还怨这只猫太势利眼了，心想如果是只狗就不会移情别恋。

几周后，邻居又带回三只小公猫来养，从此凯文又开始回劳拉家串门，隔三差五的回来，还和妹妹们抢食吃，有时还用舌头舔舔妹妹们，俨然一副大哥哥的神态。

日子流淌，这只叫凯文的猫，忙碌着讨两家人喜欢，不知从什么时候开始，他变成了两家共有的宠物。

看来，猫也烦过。

05-2017

樱花盛开的地方

初到美国时，我们住在西雅图（Seattle）北边的一栋灰色双层小屋。这里虽然叫湖城(Lake City)，但四周却没有湖的踪影。不过，房价合适，交通便利，成了不少新移民安家的首选。

这座小屋陪伴了我们许多年，房间里的地毯是温柔的浅粉色，院子里却是刀型的草坪。家里的台湾亲戚第一次看到这片草坪时，不禁连连摇头，说这样设计不吉利。为了"化煞"，我们在大门上挂了一个阴阳镜，虽然不知道它是否真的能驱邪避祸，但似乎给家里带来了一份安定的感觉。

每年春天，前院的樱花树都会开满粉色的花朵，淡淡的花香随着微风飘荡，给院子增添了一层柔和的氛围。沙坡上，我们还种了些西红柿和豆角，夏天时，那些新鲜的蔬菜常常成为餐桌上的美味佳肴。

后院紧邻着一对年近八十的德国裔老夫妻，他们的院子与我们仅隔一层篱笆。每到午后，老太太就会坐在阳台上晒太阳，手里常拿着一本书，脸上的皱纹似乎藏着她历经的岁月故事。有时，我会趁着天气好，端一杯茶，跟她隔着篱笆闲聊几句。她总是和蔼地笑着，告诉我她年轻时在学校教书的经历，以及与她丈夫旅行的趣事。她的丈夫则每天一拐一拐地在院子里修理他的那辆永远无法修好的旧卡车，那辆车几乎成了他的老朋友，修车就成了一种交流方式。

他们家有两条毛色脏兮兮的黑狗，常常趴在篱笆旁，头探到我们院子里，好奇地看着我的孩子们玩耍。每当狗跑到我们这边来，孩子们总会被吓得四散而逃。斜对面住着一对白人退休教师，他们把院子打理得无比精致。整片绿草如茵，春夏时节鲜花盛开，玫瑰、绣球花、薰衣草交织成一幅美丽的画卷。有时他们会主动过来给我们一些园艺小建议，或者送一束刚剪下的鲜花。他们还经常邀请我们参加他们举办的小型聚会，花园里摆满了鲜艳的桌布和香甜的点心，大家一边聊天一边分享着生活中的小故事。

在右边的山坡下，住着一个热闹的菲律宾家庭，家里三代同堂，充满了欢声笑语。周末时，总能看到他们在前院烧烤、打篮球，孩子们在草坪上追逐嬉戏。有一天，菲律宾老太太特意邀请我进屋喝茶。她的屋子塞满了她从二手店淘来的小物件，每一件都充满了独特的历史感。她笑着指着墙上一张张旧照片，跟我讲她年轻时的故事，说她如何从菲律宾来到美国，又如何和丈夫一起奋斗打拼，最后在这里扎下了根。

几年后，男主人在陪孩子们打篮球时突发中风，家里的重担一下子全压在了女主人肩上。即便如此，每次见到她，她总是笑容满面，坚韧不拔地照顾着家人。菲律宾家庭的热情、团结和相互扶持让我深受感动，特别是在我偶尔心情低落时，他们总能带来温暖与希望。

春天最美的时刻，莫过于院子里樱花盛开的日子。粉色的花瓣在微风中轻轻飘落，每次站在树下，我总会想起初来美国时的自己,穿着一件淡紫色的裙子,内心既充满期待又有些惶恐。

虽然已经搬离多年,孩子也都长大了,每次路过湖城,总会不由自主地绕道去看看曾经住过的小屋。篱笆依旧,樱花树依旧,另一个家庭又在那里开花散枝。

那座小屋成了我心中最温暖的依托,而这片院子里的故事,也永远是我记忆中最珍贵的片段。

11-26-2024
"世界日报"家园版

稚子

在岁月的长河中，有位名为稚子的故人，她是我阔别十五载的旧交，一位远嫁东瀛的绝代佳人。

每当岁月翻篇，或是春意初露，我的书桌上总会静静地躺着一封来自古都京都的素笺。那是稚子一年一度的挂念，也是我们之间唯一的纽带。你或许难以置信，她摒弃了键盘的冰冷，坚持以笔墨传情，似乎只有那纸上的墨迹，才能承载我们这份既遥远又亲近的情谊。我也依循古礼，每年以手书回之。如此往复，我们的通信成了跨越十几年的默契。

稚子，原名联联，容颜绝丽。在古城西安的日子，她与姐姐的玉照被印在糕点盒上，成为了邻里间传颂的"美人心"。那是改革春风初拂的年代，她一夜成名，成为了时代的宠儿。她的母亲，一位歌舞团的妆娘，将两个女儿打扮得如仙女下凡。

我与联联的相识，源于英语学习的共同志趣。她心无旁骛，只为一个梦想——赴美。那时的她，智慧与灵气并存，虽然比我小两岁，却比我更为世故。我们本非同类，却因差异而结缘，她的光芒四射，我则沉静如水，但这并未阻挡我们探寻无尽的话题。

联联的聪慧，有时让人叹为观止。年纪轻轻便成为文化局的外交干将，她带领着演出团队走南闯北。一日，她向我吐露了对一位长她十岁且曾离婚的男士的爱慕。我难以理解，如此优秀的她，怎会钟情于这样一个男子？然而，她无需我的见解，只是需要一个倾听者。我被她追求爱情的勇敢所吸引。

十几年前，联联是那个浪漫奔放的主角，而我则是默默旁观的"观众"。她的故事，为我的生活增添了斑斓的色彩，如同观看一部激动人心的电影。

后来，她与那位男士分道扬镳。几度春秋后，她告诉我依旧单身。我感到惊讶，如此卓越的她，怎会寻不到良人？然而，就在一年后，她的一纸书信带来了婚讯，她的丈夫是一位东瀛人士。自那以后，她更名为稚子，我们的书信成了她新生活的见证。

最初的几年，她始终不让我目睹她夫君的容颜，担心我会因他的外貌而嘲笑。我不禁回忆起，我们都曾幻想过英俊的王子，如今却仍未能完全放下那份少女的虚荣。

婚后，稚子开始羡慕起我来。她在信中写道："你在美国，驾车自由驰骋，工作无拘无束。而我，却只能在家中扮演家庭主妇的角色。"我难以想象，那个自信活泼的稚子，怎会甘于这样的束缚。但这就是生活的无常，命运总是让人措手不及。她在信中的抱怨，如同对现实的不平鸣。

随着时间的推移，我从她的字里行间窥见了异国生活的琐碎。同时，我也领悟到，朋友的价值不仅在于友谊，更在于心灵的相互启迪与扶持。稚子的信，让我看到了生活的多种可能，也让我更加珍视自己所拥有的。

后来，她成了母亲。照片中的她，宛如一颗熟透的蜜桃，散发着前所未有的宁静与幸福。她不再抱怨，而是开始分享生活的点滴，甚至寄来了丈夫的照片。她说："现在看来，幸福与外貌无关。"

稚子与我，在十几年的光阴里，相互羡慕，相互鼓励。虽未谋面，我们的生活却通过这些信件紧密相连。我常想，或许有一天，当我们面对面时，可能会感到陌生，但心灵深处的熟悉感，早已跨越了时空的界限。

05-2014

菩萨

我们进了饭厅,径直走向靠窗的桌边,拉椅子坐了下来。望着渐渐远去的洛杉矶,我的心情被游轮旅行第一天的热情所笼罩,眼睛便沿着蔚蓝的海水一直伸向那遥不可及的远方而去。

"早上好,先生、女士,请问你们想喝些什么?"他把每个词的尾音拉得很长,听起来有些粘粘、嗲嗲的,像个女生。

我们面前站立着一位手端托盘,身穿夏威夷花衫的秀丽男孩。他中等个儿,平头,但头发中间部分用发胶立了起来,皮肤细白,一对大眼睛温柔的望着我们。他的微笑里带有一种诚恳的坚持,仿佛在说:你一定得喝点儿什么。我要了一杯黑咖啡,我先生要了一杯绿茶。

看着他特殊的神情,又瞧瞧他胸前的名牌,上面写着"Suchet",我便知道他不是中国人。

Suchet 面带微笑地开始自我介绍,说他从泰国来,在船上已经工作了七年,自己的名字在泰国的意思是"菩萨"。

对菩萨的本意,我当然明白,用菩萨当人名还是第一次听说,这说明泰国这个国家宗教性很强,据说那里的男孩子都有化缘的经历,就像犹太教里的成年礼一样被通俗化。

这是我第一次见他，回头看那男孩子离去的背影，双胳膊肘向外摆动着，屁股扭着，泰国的男人大多有些女性化，我在心里说："太可惜了"。

第一天的船上生活比较繁忙，十几层的甲板够人跑的，各种娱乐场所，我都一一照面，既使我不消费也要搞个明白，这也是惯例，要不然在海上跑的船如何能拴得住几千人的心呢？

晚饭时我们到豪华餐厅，点餐。女人们无论老少都 dress up，浓妆艳抹，男人全是西服革履。可以同时供上千人就餐的餐厅也是灯火通明，只见大家举止优雅，捧杯寒暄。穿着各色意大利水手装的服务员们，每个人都带着红领巾，手里拖着餐盘穿行于铺着白色餐桌布的桌椅间，让人联想起电影里豪华的大场景。这也是给我一个很大的启发，让自己觉得在这里，无论你身份贵贱，只要登上游轮，就会享受到富人的生活待遇，可谓荣华富贵，哪怕是过一天这样的生活，也会让你觉得心旷神怡。何乐而不为呢？有时候游轮的价格低得可人。

在美国，我们是平民老百姓，我们可以穿着自己最贵最漂亮的衣服，步入豪华游轮来享受十几天无拘无束的开心日子，将一年里积攒的烦恼全丢入大海。你认为自己是茜茜公主、还是威廉王子都无所谓。

迎面而来的依然是那张无法拒绝的笑容，菩萨迎面而来，他一边帮我拉开座椅，一边客气的问候，送上黑色封面菜单的同时，开始介绍今天的开胃菜、主菜和甜点，娴熟地为我们推荐着当天的美食。端上来的法国面包，也是含羞地裹在餐巾布里冒着烘烤的香味儿。

此刻的我是一只会享受的猫，我的胃喵喵直叫。"Mrs. Fu"菩萨翘着他的右手小拇指，记下我点的菜单，然后不停的送茶送水。随着用餐进度，还不停调换刀叉，见我先生健谈，其间菩萨也不忘介绍自己的身事。

菩萨十五岁就没了父母，家乡位于泰国北部的农村，种水稻的地方，靠着三个哥哥帮衬长大。后来，大哥二哥都有了家庭，他和三哥一起生活。再后来，因为三哥参了军，他自己不得不打工养活自己。之后，因为菩萨学习优异，得到富人相助，他上了大学。几年后，菩萨生物专业毕业，可是在泰国却找不到合适的工作，就帮着朋友开餐馆，然后有机会当了船员。船员虽钱挣得不多，但拿到泰国消费很不错，他指指自己的手表说只有两美元，鞋子只有五美金，船上管吃管住管用花销不大，理发只有十美金，已经算是最奢侈的了。

一天平均工作八小时以上，每周七天，每半年休一次长假，几年来也积攒了不少。二哥一个电话找他说做生意需要买一辆卡车，菩萨就奉献了自己几年的所有积蓄，虽然是心甘情愿，但他给我们说了一句：

"我的哥哥们认为我是单身,没什么大的花销,可我也要准备结婚娶媳妇的呀。"

一问才知道他已经三十一岁,可看起来却只有二十多岁。听我们这么一说,他的脸都笑开了花,一个劲儿说谢谢你们,谢谢你们。他还双手合十,用嗲嗲的泰语说:"你们太好了,希望你们在船上玩得开心。"我们看着他离去的身影,那身姿轻盈,仿佛踩着音乐的节拍。他的微笑,像一缕春风,吹散了我们的疲惫,也让我们对这位菩萨般善良的男孩产生了深深的敬意。

游轮上的生活,对于我们来说,是短暂的逃离,是奢侈的享受。但对于像 Suchet 这样的船员来说,却是他们日常的一部分,是他们为了生活而努力奋斗的证明。他们用自己的辛勤劳动,为我们创造了一个个难忘的瞬间。无论在世界的哪个角落,都有像 Suchet 这样辛勤工作的人们。他们或许默默无闻,但他们的故事,他们的付出,都值得我们去关注和尊重。他们用汗水和笑容,为我们编织了一个个美好的梦想。

当离开游轮,回到现实的生活中,我们或许会忘记 Suchet 的名字,但他的故事,他的微笑,会一直留在我们的心中。因为在那艘游轮上,我们不仅看到了美丽的风景,更看到了人性的光辉。　　10-30-2013

无限风光

黄昏里，我们开着银色丰田在环岛路上盘旋。夏日的余晖忽隐忽现，绿色森林夹杂着童话般的梦幻！我墨镜下的世界显得有些灰暗，可耳边充盈着唧唧喳喳的鸟鸣，从车窗外飘来的清新气息以及花朵的香味，洗涤了多年积蓄在体内的烦扰。

我知道，能住在麻沙岛的豪宅里人都比较富裕，可岛上的每个人不一定全是富裕之人，虽然这里的平均房价高达二百万美元。

堂堂一座岛屿，在大西雅图地区美名远扬，多少人想占有一席之地：富人想住进这个环境优雅的世外桃源；中等人家借房产升值之际买进，既能赚钱又能在美丽的岛屿里陶醉一番，算是此生无憾；至于那些退休老人，也挤到岛上的老人公寓里，享受不同待遇的岛屿福利。

这里的生活多姿多彩，附近的公园里常有免费音乐会，露天电影、艺术展览、蓝莓节等陶冶心灵的活动更是比比皆是。我只是凭自己的经历吐露心声，以抒发对美好生活的向往。

十几年前，我们也曾想挤进这座岛屿，看了几处房子，却因房价望尘莫及，阴差阳错住到如今的地方。虽不是岛屿，但景色也毫不逊色！有时候，人们对某些东西可遇而不可求，但常常是山穷水尽疑无路，柳暗花明又一村。这何尝不是人生的无限风光呢!

虽然麻沙岛近在咫尺,但我们没有非去不可的理由。每次远眺这座绿意葱葱的岛屿,总有种神秘之感。这次因为买船,要去卖家处看货,才踏上这片宁静之地。

我的车在路上盘旋着,"怎么这么远,这岛也真深邃!"我望着左边的华盛顿湖水,自言自语。

"看着很小,其实很大!"先生一边听着 GPS 的指挥,一边搭腔。

"没想到有这么多豪宅藏在树林里,估计很潮吧!"

"洋人都喜欢大自然。你没看到那些铜墙铁壁上爬满了植物吗?"

"红杏出墙,花香鸟语,我们就当逛公园了!"

"比公园好看多了!还有想象不到的美景呢!"先生对这座岛情有独钟,看得出他以前来过不少次。

实际上,GPS 有时也会"胡说八道",我们被它引得迷路了。电话联系了船主陈先生,得知开过头了,只好原路返回。一条没有任何标记的山路沉默地出现在我们眼前。

我建议找路边的信筒，因为邮箱上总写着门牌号。果然，我们成功了！在拐角处，我看到一个人影——是陈先生，一位文质彬彬的中年人。

打过招呼后，他领着我们进到一片水泥地院落。一艘灰色快艇停在角落，旁边还有一个篮球板，估计是为孩子建的。两位男人开始爬上快艇攀谈，我则爬到附近的坡上，在林子里四处张望。一只梅花鹿从我身边轻盈地跑过，似乎受了惊吓。两只长尾松鼠在粗壮的松树干上追逐嬉戏，一只灰色的小兔子翘着半截白尾巴，从我脚边跳过。

我看到右边的山坡上有一栋白色房子，墙面因长年阳光不足而生了苔斑。房门被漆成红色，这是住在美国的中国人的"惯用技巧"。虽不是朱门酒肉，也算朱门纳运吧！面对红门，有一条窄窄的石阶，石阶两旁种满了花草。我沿着石阶仰视眼前的白屋，仿佛走进了小说里的章节。作为一个敏感又富有想象力的女人，此时此刻的景象让我充满了编造故事的冲动。

我的故事，就在这一瞬间展开了……

红门被轻轻推开，一位高大的白发老太太提着洒水壶走了出来。她看到我，招手打招呼，然后顺着门前的台阶给两边的花草浇水。夕阳下，细水珠闪着光。老太太一步步走到我面前时，水壶里的水已经用完。她折回屋里取水时，红门再次打开，一位同样高大的老先生提着水桶走了出来，把水倒入老太太的洒水壶里，又转身回屋。

老太太继续浇水,脚步稳健,水花洋洋洒洒。我看得出,这是一项每天必做的事情。

快走到我面前时,她问:"中国人?"
"是呀!"我微笑回应。老人家很热情地招呼我上楼坐坐。我想推辞,却被她热情地拉着手臂走上台阶。

老太太满脸诚恳地说:"好不容易见个中国人,回屋里唠唠嗑儿,老乡见老乡,两眼泪汪汪。"听她的口音,我笑着搭话:"听着像是东北人?"

"是呀,我们是哈尔滨来的,奔老大儿子这儿住。住在这前不着村后不着店的地方,嗨,地方是大,条件也好,就是太寂寞了!"老人打开了话匣子,边说边领着我在屋前屋后转悠。

后院的菜地像世外桃源,一片绿意盎然。菜地被分成四块:韭菜、豆角、青菜和莴笋。青菜和莴笋刚发芽,透着可爱的青色。

"有阳光吧?不然菜长不了。"我看着周围的树木说。"阳光足着呢!夏天一早儿太阳就晒上来了,这后山流下来的溪水直接用来浇地,可省水了。"一旁站着的老先生细声细语地接话。

我注意到菜地被网子围了起来,知道这是为了防止动物偷吃。再转到前花园,五颜六色的花儿竞相绽放,虽有些凌乱,却不失魅力,让我想起画家莫奈的花园，虽然随性，但在画家的笔下却价值连城。

正在我们说话时，一位瘦小的女人从屋里走了出来，热情地和我们打招呼。老两口介绍，她是他们的亲家母，儿媳的母亲，从宁波来，厨艺精湛。经过他们的介绍，我才了解到这家人是三世同堂。小两口带着两个孩子，与男方的父母及女方的母亲同住。

我打心眼里佩服他们，原以为我自己的家庭够大了，没想到还有更大的。

男方的父亲告诉我，他负责开车采购，每周往中国城跑一趟，买中国人爱吃的食材。他和妻子主要打理院子，还负责接送孙子孙女上下学；亲家母则负责全家人的饮食。她的厨艺最好，大家也最爱吃她做的饭。我真心感慨，这样的家庭组合简直是岛上理想的终极家庭模式，也许只有中国人能做到这一点。

船主陈先生在微软工作，太太在邮局上班，两个孩子正值青春期。小两口忙得不可开交，家里的老人们分担了大部分家务，解除了他们的后顾之忧。看着这个被收拾得舒适得体的家，我内心十分激动。

告别老人们时，我走下用水泥砖砌成的几十级台阶，忍不住回头看了看这座白色房子，以及夕阳下站在门前微笑的老人们。

我感慨地对陈先生说："您和太太真了不起！两边老人一起住确实不容易，难免有磕磕碰碰的时候，真是难为您了。"性情温和的陈先生笑了笑："确实不容易，三位老人都有自己的个性，难免有些小矛盾，但自家人还是自家人，为了我们，他们都相互体谅。我的父母半年在美国、半年回哈尔滨。他们在国内还有房子要打理。说到底，都是父母，谁都不能怠慢。"

"这说明您夫妻俩孝顺。"我由衷地赞许道。

我先生也笑着握手道别："陈先生，您的船不错，就是对我们来说有点小。这次买卖不成仁义在，我会介绍朋友来看看！"

汽车缓缓驶出他们的院子，离开了这座美丽的岛屿。他们家的白色房子，只是岛上一个不起眼的小白点。

谁能想到，这座岛上不仅风景无限，人性的美好也被我无意间发现。

09-6-2014
"西华报"

探访耶路撒冷

轮船本应停泊在以色列的两座城：海法和特拉维夫，但传播公司认为特拉维夫离耶路撒冷太近，怕不安全就改停海法两天。因取消在特拉维夫的行程，我们以前的计划都必须改变。

当天晚上我们就决定独自乘火车前往耶路撒冷，即使再危险也要去，因为我估计以后很少有机会再来以色列，更没有机会到耶路撒冷。

出发时下着大雨，七点多，我们冒着雨走到火车站买票，又必须用当地的货币，兑换点八点开门，所以我们就等着。这时有一位老人过来用英文搭讪，他是出租车司机，他建议我们坐他的车，四人来回共四百美金，我们嫌贵不同意。走了一段路，那老人还跟着我们，讨价还价一番，最后我们以二百八十美元成交。当时我们还不知道这个犹太老人的价值。

一路上我们攀谈起来，才知道他是个以色列通，并主动要当我们的向导。从海法到耶路撒冷一百六十多公里，路边的山上都是清澈的泉水，建筑物大都是石头房屋群，也有红色建筑大厦，成片的良田果林。远处的楼群闪过，司机说那里是以色列的第二大城市特拉维夫，实际上是以色列的行政首都，多国的大使馆均设在那里。

由于之前发生了爆炸事件，我当时还心有余悸，有些紧张，没有想到眼前阳光下的一路上是如此美丽壮观。太阳照在对面的山坡上，山坡上的石头楼群闪着光，一座名副其实的石头城展现在我们眼前。代表不同宗教的建筑物，或拜占庭式的圆顶，或哥特式的尖塔，错落有致，令人目不暇接。听着司机给我们介绍的经典，我庆幸选择了坐他的车，因为如果我们自己来到耶路撒冷，根本不可能走遍全城，更搞不懂这里四个宗教融为一体的混沌世界。眼前的美丽和壮观，让你根本想不到会有战争曾经发生。

听了车上司机的介绍，我们在阳光下开始了三个小时的徒步旅行。老城有八个城门，当我们从一个城门外往里走时，遇到一群正装的犹太人庆祝着什么。我问司机，他肯定地说他们正在举行成人礼。犹太人男孩子十三岁，女孩子十二岁都举行成人礼，仪式热闹非凡。城墙都是大石头垒成的，有两千年的历史，它有种坚不可摧的气势。城里的路和房子无一不是用石头砌成，诺大的石头广场，处处可见美丽的花园，各色人等穿梭在路上。这围墙里的老城被分为四部分，依次按犹太教、伊斯兰教、基督教和亚美尼亚教划分。我们先去了犹太人知名的哭墙和大卫塔，我把写着心愿的字条塞进哭墙的缝隙里，无数的教徒们一边念念有词，一边流着虔诚的泪水，面壁而泣。哭墙两边男女分开站立，一片神圣，我的心有些发麻，因为我不信教，但好奇让我来到这里并站立其中。我不得不像一个虔诚的教徒般面对着有了两千年历史、泪痕斑斑的石头墙，许下了自己的心愿，希望着美好愿望的实现。

这里也是伊斯兰教的圣地，世界上第二大伊斯兰清真寺广场上曾经聚集过五万信徒，五体投地来朝圣。如今却有几个孩子正在踢足球，一片平和。

圣经里提到过七百多次的圣城耶路撒冷，如今我站在这城里就像做梦一样。走在这老城里，闻着空气里蜡烛的香味，看着穿着不同教派服装来来往往的人，我感觉到一种浓郁的宗教气氛。我没有办法相信世界上还有这么个特殊世界的存在，就像电影里才可能出现的场面，这就是耶路撒冷的魅力吗？我问自己。

接下来是走不完的石头地道，几百级大石头阶梯，山中的历史风景，两边都是各种宗教特色的商品，糖果、炸饼，应有尽有。中国制造的玩具、围巾、仿衣服延绵在历史的长廊里。

伊斯兰教和犹太教有着明显的界限，高高的石头墙两边的人们都怀着百分之百的虔诚信仰着自己的主。他们站在世界知名信仰的最强音面前，信仰与爱，实际上就是一线之隔。

耶路撒冷是个烫手的山芋，因为这城市住着八十多万人，犹太人只占百分之二十二，百分之七十至八十是伊斯兰民族。到处都充满着火药味。历史上这圣城耶路撒冷永远是兵家必争之地。

为什么要争呢？因为这里是三大宗教的发源地，这里有大卫、耶稣、玛利亚、穆罕默德的足迹。其实三千年前他们是一家。

犹太教有三千年历史，又分出了基督教、天主教、伊斯兰教。如今，兄弟之间常打架，不可思议的耶路撒冷，它美丽动人，魅力四射，可纷争不断。看到十几年前垒起的以色列和巴勒斯坦分界线，一边富饶一边贫瘠。我在这里与一位长得很帅的以色列士兵合影，仰望那条倔强的分界线，我有些紧张。士兵安慰我说没事儿，他说自从有了隔离墙，偷窃都在减少，因为那墙高三米多，而且都有监控摄像头。

我当时既害怕发生什么，又希望看到一些真枪实弹的场景，仿佛自己也经历过枪林弹雨，因为从小我们就不断听到中东如何打仗的报道。

两种信仰的墓地都面对耶路撒冷，只因那里是所有人心中的圣城。

看来，四种信仰的人们都忠实于这座圣城，但谁又更容易呢？真希望他们能和谐共处。

06-24-2013
"侨报"

西方雅典

意大利佛罗伦萨全市有四十所博物馆和美术馆，六十多所宫殿和教堂，是一个极具历史文化的城市，被称为"西方雅典"。

一路走来，越来越觉得意大利的经济和整体素质很好，比我想象的要好。虽然比不上英法，但它也很欧洲，别人有的它也都有，别人没有的它也有。西方文明在意大利的建筑文化上体现得淋漓尽致。在被徐志摩称为"翡冷翠"的文艺复兴发源地佛罗伦萨，三位大师拉斐尔、米开朗基罗、贝尼尼的名字随处可见，他们的作品触手可及。我很荣幸地又一次亲身体验了文艺复兴时期的文明。

映入眼帘的是美丽的教堂建筑。一栋如积木般的长方体直冲云天，另一栋则是八角形教堂。这就是世界知名的百花圣母大教堂和圣若望洗礼堂。它们的外部均用淡红、白色及绿色的大理石拼接而成。

看着眼前这座前后花了一百五十多年才完工、已有八百多年历史的建筑，我仿佛置身梦境一般恍惚，因为难以相信现实中会有如此伟大的建筑物！同时，我也为西方人追求完美而不惜一切代价的精神所深深折服。

当然，这也说明了当时信徒们对宗教的虔诚。正是他们出资出力，才为世界留下了如此辉煌的伟大文化遗产！

我想起了梁思成、林徽因为何会为西方建筑而着迷。我不得不再次为佛罗伦萨的建筑文化所折服！这些我们在梦里都未曾梦到过的真实景象，如此突如其来，比海市蜃楼更令人惊叹。

毫无疑问，这里没有被战争踩蹦的痕迹。我想，即使是敌人，也会因为这里的美丽望而却步，会为它的魅力而倾倒。

第二次来到这里时，我走进附近的一家早市。那里除了卖一些新鲜蔬果、面包之外，还有各种肉食：牛肉、羊肉、兔肉、猪肉，甚至还卖猪头、猪肝、猪脑、猪肚、猪蹄子！

我简直不敢相信西方人竟也如此钟情于吃猪下水。这在美国可不常见，因为美国人几乎不太吃猪肉，他们更喜欢牛肉。各式各样的火腿、香肠挂满商铺，商店里挤满了顾客，水泄不通，一片繁荣景象。看得出来，这里的居民生活水平较高。

我们寻觅食物时，看到一家名叫"队长面馆"的小吃店。门上的菜价吸引了我们，于是推门而入。一碗牛肉面只要四欧元，大家各吃了一碗，味道不错！下午又回来，炒素菜一盘三欧元，肉菜四到六欧元，还点了几道菜和一份汤，好好享受了一番。更棒的是，他们还提供免费 Wi-Fi，让我们欣喜不已。在外旅行，哪里方便、快捷，哪里就是幸福！

到了饭点儿，这家小店门庭若市。我估计老板会靠薄利多销赚得不错。

回酒店的路上，在一条街上我们又见到几家中餐馆，生意却显得冷冷清清。其中一家还写着"座位费一点五欧元"的提示。我心想，谁吃中餐会站着吃呀！看到这样的提示，总有一种拒顾客于千里之外的感觉。估计是房租压力让他们想出了这个办法，可惜顾客未必会买账。

四面环山、地处盆地的佛罗伦萨有些像四川的成都，物产丰富，气候宜人，又有深厚的文化底蕴。我有些喜欢上了这座城市。

09-2017

弹丸之心

相信自己这辈子是第一次,也是最后一次踏上这弹丸之地——伯利兹。这是一个拥有三十万人口的袖珍之国,于八十年代初脱离英国而独立。从精神上来说,世界很小;可从物质上看,世界却又很大!如果不是坐游轮,天晓得我怎么会跑到这里,还会将自己的弹丸之心不小心留下一点印记。

游轮还在几十海里外就搁浅了,因为伯利兹岸边的海水不够深。这艘七万多吨、载有三千多名游客的挪威号只好"敬而远之"。随行的另一艘同等级别的游轮也与我们命运相同,并排漂泊在大海之上。从船上遥望伯利兹城,犹如海市蜃楼:蓝天白云,碧水荡漾,几十艘小游艇像箭一般穿梭于游轮和伯利兹之间,忙着把几千名游客运抵目的地。当我们像种子一般被撒在伯利兹岸边时,烈日当头。据说这里最热的时候是在夏季,天天超过华氏一百度。如今是一月份,虽也有八十多度,但已是一年里最舒适的日子。我和先生昨日还坐在雪花飘飘的北方,如今却来到这夏日炎炎的南国,不得不感叹大自然的魅力所在!

烈日之下,不停有人用英语吆喝,举着简易的牌子,建议我们坐他们的车去市中心游玩。破旧的汽车、人力车、还有马拉的彩色敞篷车都待在路边跃跃欲试,马在烈日下喘着粗气。人可以挪到阴凉处,可套车的马匹却只能被太阳暴晒。车主忙着招揽生意,顾不上为他卖力的牲畜!我们对眼前晃动的招牌不屑一顾。

在海上漂了一整天，觉得自己的腿脚到了该用武之地，便迈开步伐，大胆地向前走去。

迎面扑来的海腥味在烈日下更显浓烈。伯利兹是中美洲唯一讲英语的国家。虽然这里的人个个被太阳晒得乌黑，可英语却讲得流利，没有一丁点儿大不列颠的口音，倒让我怀疑英国是否真正占领过这里！也许，当初的英式口音也是鞭长莫及，反倒被美国影响得更多。

路旁到处晃动着闲人，人与狗都瘦得可怜，连这里的乌鸦看起来都像模特。街边有一家用木头搭起的水上餐馆，别致地矗立在椰子树下，里头传来嘶嘶啦啦的音乐声，终于带来一丝现代韵味。一位流浪老妇，长发脏乱地缠绕在细细的脖子上，绕了三四圈，垂在胸前。她似乎是故意展示自己的头发以赚取零钱，但她那令人不忍目睹的模样，又如何让人靠近并投下硬币呢？

简陋的小店铺里充满了像几十年前中国制造的廉价商品，散发着刺鼻的软塑料味儿，让人想起八十年代初中国小县城的景象。我突然对这弹丸之国失去了兴趣，决定沿着来路往回走。迎面却遇到一位美丽的女警察。炎热的气候并未影响她的仪态，身着制服，真枪实弹，面带微笑。我问她前方还有什么值得一看的地方，她操着流利的英语侃侃而谈，不仅介绍了这条街，还把整个用几个小时就能走完的国家讲解了一遍。她熟练的语言，让人觉得自己仿佛是在参观一间不大的展览馆，有讲解员陪伴。

问这里的人民靠什么生活？渔业自然是有的，但主要收入来源是全年接待由万吨游轮载来的游客。游轮的停泊费自然是少不了的。听到这里，我有些疑惑，因为这里丝毫没有欣欣向荣的样子，又如何对得起那些满怀期待而来的游客呢？烈日让人懒散，破旧失修的房屋随处可见，垃圾泛滥，臭水沟里还有小鱼在游。如果不是四周一望无际的大海，真会让人以为这是被世界遗忘的角落！我想，如果把这个地方交给中国人，一定会将它打造成一座美丽的海岛。如果英国还在占有这片土地，也不会让它如此破败下去。太多的"如果"让人感慨万千：殖民史固然可悲，但独立后的富强也需要代价。人又究竟错在何处？是政府不努力，还是人民徒悲伤？

雪白的教堂建筑依然透着大不列颠的印记。旁边简陋校舍里的孩子们朗朗读书声不绝于耳。细胳膊细腿的学生们，在夹缝中努力求学，让人感到生活在美国的孩子是多么幸福！这一切，仿佛让人嗅到了殖民时代的余韵。

沿街还有几家华人的小店。我们走进一家牛肉面店，店主是一位梳着非洲发辫的亚裔年轻人，发辫上结着灰痂，大有入乡随俗的风范。他不紧不慢的神情，见到我们这些同胞也不显得特别激动。或许，他早已见惯了来来往往的游客。热天里，店里一个客人也没有。我暗想，如果改成冷饮店，一定大卖。

一边这么想着，一边问他为什么到了这么个遥远之地谋生？年轻人操着台湾国语解释说是子承父业，父亲在这里开了这家小店，自己也是去年才刚来。很多时候也觉得困惑，但来了就来了呗！见着这萧条的光景，我们祝他们全家中国新年好，便退出门来，迈进一家小杂货铺子。见柜台里摆着中国包装的小商品，都是我们久违的样式。店主是一副广东女人的打扮。一问，才知道她是广州来的。她说自己来这里是奔姐姐而来，本想着把伯利兹当作跳板去美国，结果姐姐一家早就去了美国，自己一家五口却滞留在此地。

问开这小店能否维持一家生活？她说，租金只需几百，生意虽不如前几年，但吃饭没有问题。再说，三个孩子上学也习惯了，这里的学校沿袭英式教育，中小学比美国还好，初中毕业的程度就可以考大学。或许她的话不假，可我说如今广州很好。她讲，孩子受的是英式教育，回去恐怕也不再适应，大概连小学中文作文都写不出来了，只好顺其自然。走进店的本地熟客不少，有人买了瓶装可口可乐，往门框上的开瓶器一挂，啪地一声，冒着气泡。还有人买冰棍儿，冰淇淋又小，颜色也单调。我们边聊边看着她不停地开着冰柜给顾客取冷饮。她说，现在生意不比往年，原来她的手每天开冰柜都开到拉伤，那时生意好得不得了。

又问起本地的经济，店主说，也见银行开着，人们就这么活着。其实，很多人在街上贩大麻，一包一包地卖，总有人买。街上的毒贩大把大把地收钱。警察早已习以为常，抓了没几天就放人。她还讲，有时候会在街上捡到毒贩不小心掉的小包大麻，用皮筋绑着。这足以说明毒贩在此地的猖獗！

各家各户都有铁门铁窗,她家也有用来防身的枪支。听起来真是毛骨悚然!这时,有位白人老妇蹒跚而来,说自己是老顾客,用零钱买了一小杯冰淇淋。她对我们讲,这冰淇淋是买给家里的老伴的,另一只手拎着一个布袋子,里面装的是狗食。看起来,她像是大英帝国的正宗后裔,却不想回到本土,留在了当地。店主介绍说,此地的中国人不多,但都是开店的,旁边还有一家香港人的店。

我们又祝她全家春节快乐,便扬长而去。如今,祖国繁荣昌盛,却仍有中港台三地的店家相依为命,在水一方。我不胜感慨!弹丸之心便留在了这弹丸之国。

01-22-2022
于挪威号游轮

让懂的人懂

我在想，歌唱者比写作者幸运多了 他可以一辈子唱同样的歌，唱别人的歌，可写作者就不同，没有重复的机会。有时候你写的东西别人不懂或不够懂，那就让懂的人懂，不懂的人不懂吧。

五月的西雅图，虽然没有霉味儿可依然弥漫着潮湿的冬季的气息，那瑞妮尔雪山矗立在城市的身后，安静地注视着我们的一举一动，人们因为不同的原因，行走在空旷的街上，四零五公路上急驶的汽车在黎明的阴晦里形成一道风景。

这时候的我像一只刚刚睡醒的蜂鸟，精神抖擞，专一而又单纯地飞翔，又像是一只勤劳的小蜜蜂，执着地忙碌着。

人不必将生活复杂化，其实人的一生很单纯，活着就是为了延长通往死亡的道路，不是吗？

我是一个悲观的现实主义者，容易怀旧，喜欢追求随意的日子。对于曾经接触过的朋友，无论过了多长时间，我都无法忘记，他们的音容笑貌、言行举止都让我难以忘怀，不能说他们的行为举止会影响我的一生，但至少他们会丰富我的生活。

谷子就是我的朋友之一，她来我的城市时没让我去接机，这让做了她几十年朋友的我有些过意不去，按我们事先的计划，我带着大包小包入住了喜来登酒店，开始了我俩一周的假期。谷子是个亿万富婆，而我却是个穷酸的新移民，我们分别多年的原因是她早些年去了日本，而我一直在等待移民美国的通知。没想到我们分别多年却在异国他乡再续友情，而当年她算是穷困潦倒，我是看着她凭着一张清秀美丽的脸庞，嫁了人去了日本，并过得相当不错。

我心有余悸的想象着如何面对这位富豪朋友，自己虽然不会嫉妒她，但有些好奇与羡慕，更有些不知所措。想起来也是美差一件，所有费用她全包，我只是抽一周的时间陪伴。这是她来见我的基本条件，我欣然答应了。一接到电话，我到酒店门口等，就见谷子的皮肤依然细腻，笑容依然温和，只是着装完美，日化精致利落，还多了点明星的味道。

因为从头到脚都是名牌装备，典雅里透着浪漫，我自己那点名牌见识在看见她的一霎那，戛然而止。

我俩寒暄着拉着手，我想拥抱她，可她的衣着让我有些敬而远之，但我依然从她那双温和的眼睛里找到了以往的亲切，还是向前揽了她。

进入房间我们一边叙旧，一边整理行李，我看着她打开行李箱，里面用格子隔开来，东西都分了类，衣服都用熨斗熨平，就连胸衣内裤也是整整齐齐，首饰放在盒子里也是错落有致，衣裙套在衣架上，直接从大箱子里拎出来就可以挂起来了。她一边做事一边对我说，"衣服不在多，在质地样式好。颜色要四季都流行，自己喜欢就好。"我在一旁傻傻地笑着。晚上我们逛街的时候，她还穿着高跟鞋，走起路来铿锵有力，我那趴在脚上的运动鞋感到无精打采，这便是她与我的区别，虽然我们的起点一样都在西安。

时差反应她还是有的，最初的两天，白天她蒙头大睡，晚上便彻夜聊天，聊她这些年在日本的艰辛，如何寄人篱下，如何贵人相助，如何发达，如何过上富裕生活。她凭着就学了两年的日语水平，嫁给了没认识多久、长相平平，从乡下留学日本的丈夫。她那会儿就想着拿自己的命运来赌博看，要让自己的父母弟妹过上好日子，尽一个老大的责任等等。她谈及到在日本时家乡那一大群贫穷亲戚穷追不舍地写信去要钱，以为能出国的都有钱。她骨子也是感慨万分！如今她都做到了，她靠自己流利的日语和与生俱来的经商理念，在一家日本人开的贸易公司做总裁助理，穿行于中日之间，收入可观。不但供自己的弟弟在日本留学，还为父母在家乡买了房子，也扶持妹妹一家走向富裕。她说自己这次旅行的目的在于想和我面对面聊聊天，诉诉苦，有很多年没有这么淋漓尽致地对别人倾诉了。在日本有很多人想和她做朋友，她没同意，因为有太多的厉害关系。她的城府很深，但不在我这儿派上用场，我是一个不相干的人，是个在她目前的生活里没有明显身份的人，我们没有嫉妒，没有利害关系，甚至都不是生活在同样的轨道里的人，我只是她曾经信任过的人之一，对我这样的朋友倾诉内心无害无利，只会让她有更多的机会看清自己的面目。

一个人用钱来找合适的倾诉对象也不容易，她说只为来看我这个好人。我内心涌动着一股暖流，同时我似乎感到了她的孤独和劳累。

有时候我们需要看清自己，是要借助别人。第四天，我们飞往洛杉矶，目的就是购物。赶十点的飞机，八点必须到机场，早上五点就起了床，她光化妆就花费了最少一个多小时，而我五分钟就搞定了自己。我坐在她对面看她化妆，她先用洗面奶洗干净那张小脸，擦干后用一把特殊的工具刮脸毛，然后涂上保湿水，挤上敷在皮肤上的遮盖霜，再抹上BB霜，扑粉刷腮红，从上到下画眉毛，贴睫毛，再画眼影，唇线，涂口红，最后还不忘记涂手霜，又将一条丝质的方巾放入包包。她是个精致的女人，我问自己，为什么我们来自同一个地方可终究南辕北辙。大千世界，造物主造就着不同的女人。

在名牌购物中心我又开了眼界，她刚进了商店，店主笑脸相迎了出来，随即关了门，就只为她一人服务。我也因此享受到了特殊待遇，但是我没有足够的消费水平，只是站在旁边观看朋友购买那些高价物品，我们还在那里见到了一位明星，在心理上，我不知道自己受到了刺激还是享受。对于朋友的这一系列举动及生活享受，看起来是非常自然的一种生活现象，然而对我来说是那么陌生、惊喜与羡慕。

我们只是在城里的著名景点走马观花，主要的任务还是采购。拎着大小包包，我觉得自己很是空虚，而朋友却兴高采烈。三天后，我们结束了对这城市的访问，我的朋友感到了极大的满足。那日我们在机场分手，她坐上了回日本的飞机，而我却登上了飞回西雅图的航班。

这几天的经历犹如我是一个陪衬人，过了一把富人的日子，我是自己又不是自己。或许在日常的生活中，每个人的生活目标不一样，人生是那么单纯而复杂。我看着朋友的背影又想起了那句话，让懂的人懂吧。

12-2016

我的翅膀

即使不下雨，也可以听得见山坡上流水的声音，郁郁葱葱的大树像个屏障。

想起小时候在中国总说的歌谣："山上有座庙，庙里有个和尚正在念经，念的什么经，念的是山上有座庙"，这就像我的生活一样循环往复。

我住树林的前端，国内叫复式小楼，就是我家和其他十几家共享一栋灰色的联排楼，每家都是楼中楼。

家家都是从一楼车库进去，独子享用自己的电梯。那电梯象木盒子一般将自己的主人连同物件运上运下地，十分繁忙。

为了慰劳电梯，我将里面的墙面布置得如诗如幻，实际上也算是慰劳自己，心里有梦就像心中有神。

傍晚，有人看见两只豺从后山上的林子里悠然地走出来，眼睛发着绿光，邻居以为是狼，但还是被有经验的老人看穿，那豺狼的尾巴短了些，身材小了些，是"豺"没错，这年头儿，狼也只能在动物园里才见得到。

一大早儿，我的邻居，一位丰满的老太太瞪着一双蓝眼珠子敲开了我的前门："lee，我家猫昨晚可能被山上下来的豺吃了，我听到了她惨烈的叫声。今天，猫失踪了！我可怜的女儿，My God!"她双手合十，用带着强烈的大不列颠口音的英文讲着，听起来有些悲哀，因为那只白色的小猫一直被她视作自己的女儿，名叫吉米。

我支起同情的耳朵听她把话讲完，然后安慰她几句："Nancy，也许昨晚吉米是在叫春，到外边找到男朋友了，一定会回来的，宝贝！"我拍拍她的肩坚定地说。

自己急着去约会，一边换着鞋一面应付着眼前这位退休了的闲置人员。实际上，这些邻居里就我比较忙，大部分都是些退休老人，还有一两家带孩子的年轻夫妇。

我往嘴里塞着面包夹鸡蛋，拉起挂在门背后的黑围巾疯也似地冲进车里，还没等车库门完全升至屋顶，我的车就已经倒出了车库，再抬手按一下挂在头顶挡阳镜上的自动按钮，从倒车镜里瞥一眼缓缓落下的白色车库门以及我那张齐肩短发，配着的姣好面容，自己的心才随之落幕。

介绍人早两个礼拜就通知我们双方见面，可一直在等男方发微信给我，我嘱咐自己要矜持些，直到昨天他才说今早在 Starbucks 见，让我围条黑色围巾。

周末的早上还是有些老年人一边读报一边喝咖啡，我推门进去的时候他一目了然地坐在门口的位子上，亚裔年轻人就他一个，错也错不了。

"Hi，东方，是东方吧，对不起，我晚了点儿"望着眼前这位看起来干净俐落，眉目清秀的男生，我点点头，卸下围巾准备在他对面的位子坐了下来。

"你好！李晓薇，很抱歉我一直太忙，就是抽不出时间一起坐坐。"他站起来伸出一双细长的手，我微倾半站的身子把自己的凉手递了上来。眼前这位就是介绍人所说的眼科医生，一位值得认识的男人，我有些惊喜万分。

我们几乎没有一点儿陌生感，像老朋友一样东拉西扯地聊了两小时，又一起去看了场电影，然后在附近吃了碗越南米粉，就散掉。

分手的时候没有约下次，他说微信联系，因为都是忙人。

不痛不痒的约会撩拨着我三十岁的誓言，曾想过一定得在三十岁解决自己的婚姻，眼看生日就到了可还未见柳暗花明的那一刻，难道他是我的那盘菜？我有理由幻想着下一次的约会。

自己似乎是一个豪情万丈的女人，早年从中国考入华盛顿大学，四年前又从波士顿大学药理专业博士毕业，如今就职于州立医学研究机构。

这些年我也阅男无数，仍然没有遇到那让自己动心的另一半。事实上，我多年忙于学习工作，眼头儿也高！无形之中将自己禁锢于一种自封状态，仿佛置身于一间被装潢得金碧辉煌的没有门窗的房子里，看不见外面的世界，而外面的人也无法进入里面。

我是带着一种悲哀的情绪来告诉你我自己的成功，可经过努力取得成功后就只剩下失落的烦恼。父母每日的电话都在催婚，询问，逼迫我努力着要将自己嫁出去。

一周后，GPS 指引我开到花园小区，东方在他自己的公寓里请我吃饭。房门打开时我看见屋里面一片狼藉，一股子男人的味道儿夹杂着饭香味儿扑鼻而来。

我坐在沙发上看着桌子上摆好的四菜一汤，也心存感激，因为他还说过自己从不做饭，多是外面吃。

看一眼凌乱的房间有种想帮他打扫的冲动，还没站起身就被他挡住了。我又一想，刚见两次面还没有到那程度吧，就泄了气。

吃了饭又是一通聊，天南海北地，我心里有些欢喜，看样子这是个好的兆头。

回到家里我就发了这样一段微信："东方，谢谢你的盛情款待，饭菜很可口。下次请你到我家吃我包的饺子，再联系喽。"他回了个表情包。

第二天介绍人问："你们有没有拥抱？"

我说："还没有，哪有那么快！"

"拉手了没有?"

"又不是小孩子,拉什么手"对方叹了口气,看来介绍人简大姐也替我着急。

我在单位和家里穿梭着,偶尔跑跑商店买一些自己一眼看上的衣服鞋子,进了家门就连袋子一起顺手放在楼梯上。

看一眼摆满的购物袋子我又一次嘲笑自己的寂寞孤独无聊,想象着有一天这满屋子都被商店的东西充盈着,而我的情绪逐渐又低落下去。

友稚子打电话来请我吃日本料理,这位顽固的单亲妈妈眯着全日本女性都眯着的细眼睛已经按了门铃。她就住在我家附近,我注定是会首选单身女性做朋友的,这样比较顺心,有共同语言。她十年前有过婚姻,儿子一岁时因为丈夫酗酒就离了。我们不同国籍但成了酒肉朋友,常常一起小吃小喝。

实际上我一直在等东方的微信,希望有机会再约会。

有天晚上,九点多他来接我进了中国城一间酒吧。

浓烈的夜生活气氛弥漫在空气中,我是第一次和一个男人在美国进酒吧,他叫了杯白酒,为我点了红酒。我们坐在高脚凳上歪着身子对喝,似醉非醉地聊天,又是天南海北,就像哥们儿一样。昏暗的灯光下有不少单身狗喝着啤酒，就着土豆片儿。我想到在中国的老酒馆儿里最起码还会有花生米，鸡爪子和猪下水当下酒菜，而这里只有土豆片儿。这里的酒吧只会干喝。

这间酒吧的老板娘是台湾来的，华丽的装束支撑着她略显娇小的身材，她热情地招呼着我们。

"来了，John，这位是？"她眼睛看着我却问我身边的东方。

"朋友，Lee，再给来杯红酒吧！"我这才知道东方的英文名叫John，而且他还是这里的常客。

两杯酒喝下去，他的脸有些涨红，眼睛浑浊，喷着酒气的嘴巴顺着热火朝天的聊天气氛亲了我的脸，我自己也有些激动，借着酒劲儿不自觉地将自己的头靠在他的肩上，听着他砰砰的心跳，闻着他身上古龙水的味道，很久很久没有分开。

他送我回家后就没有回自己家。

自从那天晚上，我就觉得自己再也离不开他，对自己的婚姻竟然产生了巨大信心。

我每天都盯着自己的手机，希望有他的微信，然而他却失踪了。

微信不回，电话不接，就连介绍人也找不到他了。

我到他的住处问过，屋主换了人，房子是租来的。

我觉得自己象个傻瓜，我又问介绍人是如何认识东方的，她说在餐厅吃饭认识的，并没有具体的家庭背景。

我蒙了，自己像是被男人骗了的感觉。

寂寞，失落，矜持，骄傲集一体的我，我算是领教了一个在情感世界无知的自己，他的失踪仿佛让我又跌入到决心独身的深渊。

第二天又是邻居 Nancy 敲门，她问我要不要参加什么单身女人俱乐部，我几乎哭笑不得。我觉得连邻居都注视着我，准备将独身主义的勋章颁发给我。

"天空没有翅膀的影子，但我已飞过！"

泰戈尔说过。

1-15-2014 初稿
11-9-2022 刊登"世界日报"副刊

似水年华

人活着其实不难，难的是活得有滋有味。我对"似水年华"这四个字几乎痴迷，觉得它富有诗意，仿佛是对人生的一种美好诠释。

在似水年华里，我经历了许多，有人骂过我，也有人表扬过我。无论是批评还是赞美，我都记得清楚。小时候，有一次我无意间听到父母在里屋谈话，他们对我做的一件事表示满意，说我将来一定有出息。我至今记得那些话，并将它们视作生活的催化剂。

当然，做错事时也少不了父亲的责骂。他常说的一句话是："吃不开的王宝钏！"每当这时，我和妹妹总会抬头问："为什么王宝钏就吃不开？谁又是王宝钏？"

中学时，我因为作文写得好、字写得漂亮，担任了语文课代表兼宣传委员。班级的书皮、黑板报，常常出自我的手。有一次，语文老师叫我到办公室，问我为什么能写出那样的文章。我坦诚地说，是学习了范文的套路。她听了却说："套得好，我还套不来呢！"她的表扬让我欣喜不已。从那以后，我作文总能得高分，就这样一直"套"到了毕业。

中学时我还排过一次集体舞。老师以为我家是文艺大院出身，便以为我擅长跳舞。可排练时我动作笨拙，总是跟不上节奏，第二天就被刷了下来。从那以后，我便认定自己没有文艺细胞，只能做个看戏的人，虽然心里依然怀着对文艺的热爱。

大学一年级，我最喜欢的是外国文学课。老师是从外院请来的，身材纤细，头发松松地盘在脑后，很有气质。她同时也教写作课。有一次，她在全班面前点名让我站起来。我吓得以为自己犯了错。她却问我对朱自清的散文《背影》怎么看。我紧张地回答："读《背影》就像看一幅中国水墨画，历历在目。"她听后说："你们班有位写作有灵性的女生，就是她。"

自此，我成了老师的"红人"，被选去参加市里的影评比赛，还拿了二等奖。从那时起，我成为校刊的主力写手。然而，让人头疼的也有，比如电脑课。当时用的是苹果机，编程序的课程我总是跟不上，考试刚刚及格（我怀疑老师看在面子上给的分）。老师还特意找我谈话："将来电脑就是世界，你要好好学。"我第一次因学习不好感到难堪，也感激老师的宽容。

刚到美国时，我自卑得厉害。没有语言优势，与人交流时感觉自己像山里人进城一样窘迫。我开始在华人社区打工，之后又去上了 ESL（英语为第二语言）课程。报名时，负责的华人工作人员冷冷地质问："到美国几年了，为什么英语还这么差？"她的话让我愕然，更让我羞愧，意识到自己在语言学习上的懈怠。

那一刻，我内心受到了深深的伤害，但也由此产生了改变自己的勇气。在自责中，我试图寻找平衡，于是重新拾起了写作。渐渐地，有人开始称赞我的文笔，这些赞美帮助我修复了那颗受挫的心。

人，其实都在不断认识自己的过程中度过人生。生活中有批评、有赞扬，有自卑也有自尊。正是这些情感交织，让我们的人生充满了似水年华的浪漫和美好。如今，我在平和的生活环境中，回味着以往的经历。那些错过的、拥有的，都成了似水年华中不可或缺的一部分。

02-14-2014

房子的眼睛

在美国，我们原以为住在一个好区，就可以高枕无忧，远离危险。曾几何时，我们的日子过得轻松自在，出门时常不锁门，车库门敞开一整天也不担心。然而，那样的宁静日子，随着一次突如其来的盗窃事件，一去不复返了。

自从朋友家遭遇盗窃后，我们不得不提高警惕，给自家房子装上了一排摄像头——我戏称它们为"房子的眼睛"。这些冰冷的电子眼，默默地注视着四周，成了我们新的安全感来源。

曾经，如果你路过西雅图附近的华埠、碧景山庄或华大街区，总会为那里的居民感到担忧。那里的房屋门窗，都像国内一样装了坚固的防盗栏，给人一种铜墙铁壁的森严感觉。听说那里是全市最不安全的地方，偶尔还能听到零星的枪声，警车的警笛声在夜空中回荡，让人心惊胆战。

这些故事，虽然只是传闻，但足以让人在夜深人静时，想象出电影般的惊险画面。

记得有一天，阳光明媚，一位和我们住在同一城市的朋友，刚把车开出门不到两分钟，他家的前门就被一名身材魁梧的窃贼猛力踹开。

监控录像中，那名窃贼的面容粗糙，一脸横肉，看起来像个墨西哥人。他没有丝毫遮掩，踹开门后，像一头愤怒的公牛般径直冲向楼上，似乎对这户人家的布局了如指掌。他没想到，家中还有一位精神矍铄的老太太！

老太太听到响动，敏捷地跟着他上了楼，用英文质问："你是谁？你想干什么？"可对方一脸漠然，只是粗暴地将老太太反锁在楼下的厕所，然后直奔主卧，开始翻箱倒柜。他们似乎对中国人存放财物的方式了如指掌。

老太太保持着惊人的冷静，迅速拨打报警电话。等警察赶到时，窃贼早已逃之夭夭。幸运的是，几天后，警方凭借监控录像中的线索，成功锁定了嫌犯，并在一次精心策划的行动中将其抓获。虽然偷走的现金已被挥霍一空，但家中贵重物品并未丢失，而老人安然无恙，成了我们最大的安慰。

事后，警方进行了深入分析，认为这次作案可能并非一人之力，很可能有同伙在外接应。更让人不安的是，这伙人可能已经暗中观察了住户的出行规律，对周围环境了如指掌。

这让我想起两年前的一则新闻。附近一户白人家庭，长期雇佣一位看似忠厚的杂工打理庭院。结果，有一次主人外出度假，家里被洗劫一空。警方调查后发现，正是杂工的朋友，一个看似无害的年轻人作的案。

类似的案件在海外华人社区屡见不鲜。近年来，中国富豪或富二代在国外挥金如土，让不少窃贼误以为所有中国人都富得流油，家里藏金藏银。于是，他们将贪婪的目光锁定在华人家庭。

　　然而，真正懂得财产安全的人，又有几个会将值钱的东西放在家里呢？

　　我们的邻居，一位和蔼的老先生，也雇了一些墨西哥工人整理院子。那些人常年在后山林子里忙碌，他们的身影在树丛中若隐若现，东张西望。原本我们对此并不以为然，直到朋友家被盗，我们才意识到，

　　这样的情形其实隐藏着安全隐患。

　　为了保护家人和财产，我们安装了警铃和一整套高清摄像头。摄像头连上了电脑，家门外的一举一动都在我们的监控之下。

　　白天，屏幕里映出的是院子里劳作的身影，孩子们放学后疲惫但快乐的脚步。黄昏时，两只松鼠在树梢上追逐打闹，一对鹿从山坡上缓缓走来，优雅地趴在果树上啃食树枝。这些画面，给我们的生活带来了一丝安慰和趣味。

　　去年，邻居家的猫不幸被一只豺咬死了。或许有一天，我们会在录像中看到豺那幽灵般的身影，展示它野性的一面。

我常常想，这些"房子的眼睛"，不仅记录下了我们生活中的点点滴滴，也捕捉到了我们未曾察觉的细节。全家这么多双眼睛加起来，也比不过这些摄像头的洞察力。

只是我内心深处依然希望，"房子的眼睛"看到的永远是平凡与幸福，安全与和平。

6-28-2024

父与子

在铺就的道路上,我迷失了方向,

在无垠的金色海面,在蔚蓝的天空下,寻不见道路的踪迹。

路,被飞鸟的羽翼、璀璨的星光、四季更替的花朵所掩藏。

我向内心深处发问:血液能否感知那隐形之路?

——泰戈尔

皮特离世之时,手中紧握泰戈尔的诗集,割腕的右手正压在这一页诗句之上。

皮特的伯父在三天之内匆匆安排了火化,家族的意见一致,不愿让悲伤继续蔓延。因为二零一三年对皮特家来说,是不幸之年,皮特的父亲卡特在年初便已病逝。

初次见到卡特,是在我家门外的湿润热气中。我应着门铃声,拉开门扉,一位带着羞涩微笑的络腮胡子男子立于眼前,瘦高的身形,足有六尺五寸之高。我仰头看他,他头戴蓝色棒球帽,黑色 T 恤沾染了泥土,一条旧牛仔裤,右膝处有个小洞,脚踩一双沾满泥巴的棕色高帮靴,那种真皮系带的沉重靴子。

"嗨！安在家吗？"他询问着我先生的去向。

"您是卡特吧，安去加油站了，马上回来！您请进吧！"我望着他手中沉甸甸的黑袋子。

"不了，我身上都是鱼腥味，不宜进屋。我是来送鱼的，有几条三文鱼，还有一些新鲜的鱼头。"他递过袋子给我。他有艘船，常出海钓鱼，知道中国人爱吃鱼头，便时常送些过来。

我高兴地双手接过几十磅重的袋子，放在脚边，与他寒暄几句，道过几声"谢谢！"后，送他到车库门前，挥手告别。看着他登上自己的四轮驱动黑色卡车，一声轰鸣，便驶下了坡道。

卡特是我先生的同事，除了工程师的身份，最大的爱好便是修车和钓鱼。他住在可称为山沟沟的地方，每天驱车一个多小时的高速前往西雅图上班。

有些美国人偏爱森林中的生活，让高耸的树木遮蔽住所，阳光难以穿透，房屋周围种满了爬墙虎等植物，偶尔也有开花的植物放置在刷有白边的窗台上，散发着欧洲的风情。

一次，我和先生去卡特家修车，沿着扬尘的土路颠簸前行，灰尘遮蔽了视线，两旁的森林吞噬着扬起的细尘，曲折的道路望不到尽头。我不禁感慨路途的崎岖，心想竟有人会选择这样的地方居住。

路边仅有几个指示牌，指引着来人左转右转，行驶了约十分钟，才看到门牌号立在路边，透过树影，卡特的圆木房子映入眼帘。

自然的灰木房子矗立眼前，屋顶是暗红色的瓦片，大门前立着一个石狮子，不等我们敲门，他家的黑狗便"汪汪"叫了起来，紧接着卡特大步走出家门，黑狗一边摇着尾巴一边跟随而来。我怕狗，便坐在车里向他打招呼。

"坐下，请！"卡特用温柔的语调对狗说，那狗便乖乖地卧在他脚下，抬头望着我们。

院子宽敞，水泥地面，外围是郁郁葱葱的森林，黄色的蒲公英随风飘散，鸟鸣和蝴蝶的飞舞交织在一起。

车库门打开，我们看到的是一个宽敞的私人车间，车床等工具一应俱全，各种小工具整齐地挂在墙上，就像商店一样。靠边的通道通向门口，地上有修车沟，上面还架着一辆红色的车，估计正在修理中。

"看来卡特修车的活儿不少。"我小声对先生说。

"比外面便宜，还不用排队。单位很多人找他修车。"安说。

我像个好奇心重的孩子，参观完外面，又跟随高大的卡特走进他的房子。客厅里挂着一顶真鹿制成的标本，卡特说是他十年前第一次狩猎的战利品，沙发上铺着一张灰色动物皮，他说是张不错的狼皮，狼尾垂在沙发边。

"咖啡？"他问。

"好的，谢谢。"我毫不客气。

随着咖啡豆在研磨机中"咔咔"作响，香气四溢的咖啡味弥漫在空气中，我坐在狼皮沙发上，感受着狼的狡黠与坚韧，不禁打了个寒颤。

卡特脸上露出朴实的笑容，端来自己烧制的粗口茶杯，里面的咖啡冒着热气……我们聊着家常，他的太太还在上班，和前妻生的儿子住在楼下，已经二十五岁了还住在家里，因为有些自闭症，只会读小说，找不到工作，靠父亲养活。

那次是我第一次也是唯一一次去他家。

每年夏天，那些男人们都会外出露营，卡特是组织者，

我这位女性也偶尔加入他们的行列，虽然不曾住在帐篷里，但在车里过夜。

每次露营，卡特总是提前一天到达指定地点，搭好帐篷，布置好厨房，买来大量的美国食物，连垃圾和回收桶也都准备妥当，还运来许多生火的木柴，为

篝火做准备。他考虑周全，就像一个大哥哥一样照顾着我们。

是他，让我们养成了夏天露营的习惯，仿佛这也是融入美国本土文化的一种方式。

有一年，大雨倾盆，他家通往城里的必经小路上的一座桥积水严重，卡特在车祸中受伤，脖子上被医生用手术钉上了铁钉。从那以后，他的脖子不能再灵活转动。先生说，如果是东方人，可能就挺不过来了，但美国人的身体强壮如牛。

尽管如此，卡特依然坚持钓鱼和修车，修车的收入用来补贴儿子的费用。他的前妻之子，毕竟不是现任妻子的亲生骨肉，能住在同一个屋檐下已属不易。

有一年，他成为了爷爷，因为儿子在网上认识了一个胖姑娘，两人结合后生下了一个胖小子。尽管儿子和姑娘都有些"单纯"，但终究是给他带来了孙子。他觉得儿子虽非正常人，连自己都难以养活，又怎能养育孩子？但卡特还是四处"炫耀"孙子的照片，满心幸福。

然而，一年前秋风扫落叶之际，卡特突然住院，传来了他患白血病的噩耗。

我们到医院看望他时，按照他的意愿，带去了炒面和一盒子切好的西瓜。由于化疗，他的头发和胡子都掉光了，两只大眼睛深深地凹陷。但他还是吃完了我们带来的食物，现在想来，他一定是为了让我们的心情好一些才勉强自己吃下的。

不到一周，卡特的离世消息传来，他在一个周日的早晨离开了我们，唯一让他放心不下的就是儿子皮特，孙子倒还没有让他太过牵挂。

不到半年，皮特自杀的消息也传来了，他的伯父说，那本泰戈尔的诗集就在他的手中。
那位热爱生活的父亲离去后，儿子便失去了安全感，也随之而去。

皮特的墓地紧挨着父亲，父子俩就像生前一样相依为命。然而，卡特的音容笑貌，他那朴实的生活态度，深深地影响着我们。每次钓鱼，我们都会想起他；自他去世后，我家陆续换了新车，那种修车也成了一种交友的习惯从此不再出现。

有人说，他的墓碑上刻着："热爱生活的人，热爱汽车的人——卡特。"石碑上刻着一条飞鱼，就像他的灵魂一样，永远活在朋友的心间。

09-2016

九月风起

每年的九月十一日我都会同世界人民一样心有余悸,而我还存双重悲哀记忆。

美国的小公司多如牛毛,我就曾是那牛毛公司里的一员。找到这个工作也很简单,在BC上学时与来自保加利亚的同学Maria聊天,听说他们公司缺人就填了表,让她带给老板。见工时面前坐着两个人,一男一女,男的是老板Mike,个子很高,三十多岁,和我握手时弯了个大腰,笑眯眯的,除了笑就剩一双大眼。女的叫Jane,淡黄色稀疏短直发,皮肤细腻,身体修长,和我握手时我发现她的手指有些弯曲,颤抖严重,骨关节炎。她轻声细语,和蔼可亲。他们简单问了一些问题,就像聊家常,便收了我。

空气间弥漫着一种浓郁的茉莉花香,我判断出窗外一定种着一颗茉莉花树,果然如此。Maria,二十七岁,和丈夫都来自保加利亚,在本国物理博士毕业,属于技术移民。她宽宽的肩膀,壮实的体型,大脸小脑袋,最引人瞩目的是那一头自来卷短发,在阳光下熠熠发光。她是我工作的介绍人,也是我的技术指导。公司除了老板,正式员工就Jane、Maria和我三个人,其他的三四个人零打碎敲上part time。

说实话,对一个文科生来说,做一个有点技术含量的工作有些难,就是通过电脑来验证实验室仪器的准确度。我在经历了自己心理的某种折磨以及Maria的数落后还是拿下了这份工作。人总是不要太小看自己，其实潜能无限。

每人一把办公室钥匙，我常提前十分钟到，擦擦桌子，吸吸地毯，把咖啡先冲上。老板一来，到我们这里打个招呼，就躲在自己办公室一整天。我们有活儿就干，没活儿就聊天。音箱里永远播放着古典音乐，天天如此。

"换个音乐吧，太单调了！"有一天我说。

"老板他喜欢古典音乐"Maria 有些巴结老板。

我俩聊天时她操着浓重的东欧口音，我操着亚洲口音就那么比划着，估计纯美国人秘书 Jane 听我们的对话会比较费劲，可谁管呢。别看我们这些"老外"讲英文不标准，可各个耳朵好使，能听懂各种带口音的英文。

现在想到这个工作的好处，就是周末休息，环境悠闲，老板时不时还请我们到附近的餐馆吃顿饭。在美国吃的最好一顿披萨也是老板请的，各种各样，新鲜出炉，记忆犹新。

老板祖籍德国，娶的老婆也是同族，都人高马大。两个孩子刚刚学龄，听说不到学校上学，Home school。那时我才知道美国有很多孩子在家受教育，定期参加国家考试即可。这样的孩子会孤单，我在和 Maria 聊天时说。有些随军家属常常在家教育孩子，有专门的书籍，Maria 说。我们一致认为中国和保加利亚没有 Home school，是好是坏也没有谁能证明。

有三四个临时工，一周来那么一天两天，其中有个叫丫丫的中国人，她一来就和我聊天，用中文聊。Maria 有意见，说："单位规定进了这个门就只能讲英文。"丫丫用中文说："他们怕我讲他们的坏话"，我默认。

丫丫已经在这里 part time 五年了，另外全职在华大实验室工作。她是个精明的女人，虽然长得瘦小，五官属于没长开的那种，穿衣服也不讲究，邋里邋遢，可人家是理工科博士毕业。她神秘地对我讲了这里每个人的故事。

就几个人动不动还举行 party，每人带几个菜吃一顿，有一次大家聊到高兴处，老板 Mike 将自己的结婚照拿来让大家看，其中新郎他骑着杂技车举行婚礼。我们觉得惊喜，就鼓动他第二天表演给大家看。第二天一大早儿，Mike 真的骑着一人多高的单轮车子来给我们看，我惊叹他的平衡能力，仰视着老板得意洋洋的样子。

不久老板招了个黄毛丫头，二十来岁，专跑销售。没事儿的时候，她就和老板聊天，天南海北地聊，他们有个共同的爱好就是潜水，黄毛丫头对 Mike 说自己到南美潜水，海底的热带鱼多么得美丽动人。我们在旁边的房子像听天书一样，听着从外面漂来的热烈讨论声。

这黄毛丫头，满脸长着雀斑，头发辫成两条辫子，透着一股子北欧女人的自然美，估计 Mike 被他迷住了。有一次，丫丫趁老板不在，跑到他的办公室用电脑，惊奇地发现里面很多黄色画面，我不相信，她不耐烦地说："就你傻瓜，你以为老板都是正人君子？"

有一天，老板太太优雅地带着两个孩子造访我们公司，像视察一样，和每个人打过招呼。又有一天，东部总公司派人来普及新知识，逗留一周，那人叫 Peter，口才好得不得了，东部人讲话比我们快八拍。公司的新鲜事没有几件，我们就只能无聊地每天上班，每两周拿一次工资，每一个月老板请客出去搓一顿，春夏秋冬地混日子。

二零零一年九月十一日，纽约发生撞机恐怖事件，有几千无辜的老百姓死了，我们都坐在厅里看电视，纽约的天空浓烟滚滚，令人恐惧，感觉天要塌了。办公室里每个人的心情都很沉重，老板更是心事重重。

下午他先叫 Maria 到他的办公室谈话，大约有十分钟，只见 Maria 哭着出来了，我颇为惊讶。又轮到我，一听 Mike 的谈话，像晴天霹雳，他说我们公司就要关门了，两周后大家都面临失业。我问原因，他说："对不起！不是生意不好，而是私人原因。"

我强装言笑，对老板说："比起纽约九一一失去亲人的家庭来说，我们还算幸运！这是我来美第一次失业，就当是命运的考验吧。"其实我很心碎。

第二天我就听说，公司解散的原因是因为老板要离婚，夫妻要分财产，所以才要卖了公司，我怀疑都是那个黄毛丫头闹的。我也是第一次遇上失业，而原因竟是因为老板离婚分财产，听起来是有些可笑。

　　如今想来，既便失业不算是好事，可与离婚比起来又算什么呢？而离婚和九一一恐怖事件比起来又算什么呢？

　　人生的每次悲哀固然让人隐隐作痛，可人们要记住的，要面对的，要忘记的，要纪念的，又是什么呢？

　　九月风起是我永恒的记忆。

09-2017

哥

子墨脸色苍白，头发凌乱，走出殡仪馆时，双手紧紧抱着父亲的骨灰盒，仿佛整个心灵也随之化为灰烬，被封存于这方寸之盒。天空阴沉，细雨飘落，妻子小美默默跟在身旁，身着黑色的衣裙，松垮地垂挂在身上，如同失去生机的枝叶，在风中摇曳，透出无尽的悲凉。

这一切宛如一场噩梦，难以醒来。过去两年，为了父亲的癌症治疗，子墨放下了心爱的油画，创办了广告公司，日以继夜地奔波，只为攒下更多的钱给父亲买进口药。然而，尽管他付出了如此多的努力，父亲仍走入了永恒的黑暗，留下无尽的遗憾与伤痛。

他低下头，手指轻轻抚摸着骨灰盒，泪水悄然滑落。他努力不让自己失控，却仍难以抑制内心的孤独与无力。他曾天真地以为，只要自己够努力，就能挽回父亲的生命。而现实却残忍无比，让他所有的坚持成了一场徒劳。

母亲面如死灰，双眼紧闭地躺在病床上，只剩下失去灵魂的躯壳。子墨轻轻握着她的手，轻声呼唤："妈，妈，快醒醒吧，我是子墨！"母亲却毫无反应。子墨的心紧缩成一团，仿佛在重温自己孩童时的无助——那时，父亲被打成右派即将下放农场，母亲握着他的手，温柔而坚定地对他说："别怕，一切都会好起来。"如今，母亲却沉浸在无边的黑暗中，他仿佛成了那个需要保护她的角色。

一天沉默过后,母亲终于睁开了双眼,呆滞地望向天花板。医生检查后,语气沉重地对子墨说:"她身心俱疲,回家后需要好好调养一段时间。"子墨听着,心中满是无奈与心痛。

回家后,母亲完全沉浸在自己的世界中,对周围的人漠然视之,甚至流露出恐惧和对抗的情绪。她不记得儿子儿媳的名字,拒绝接受陌生保姆的照顾,只要一看到子墨夫妇以外的人,便会陷入无理取闹的状态。经过深思熟虑,子墨最终不得不辞退保姆,减少了公司的业务量,亲自照顾母亲。

最初的日子,他每天轻声叫着:"妈,妈。"然而,她的回应只是陌生而茫然的目光,仿佛透过他看向更遥远的地方。他意识到母亲的记忆已逐渐消散,但仍然抱有一丝希望,期望她能记起他。

有一次,他们外出进货,谈事时不得不将母亲留在车里。供货方好奇地问他:"为什么每次来进货都带老太太?"子墨无奈地回答:"老妈患了老年痴呆症,不得不带在身边。"供货方听了很感动,甚至提出免费供货。子墨心中感激,却不忍再去那家供应商——他明白,商人也要靠生意吃饭,自己不该成为别人的负担。

一夜,凌晨三点,子墨迷迷糊糊地睡着,突然听到一阵轻微的声音。他睁眼,看到母亲悄无声息地出现在房门口，静静地看着他，嘴里低声叫着："哥。"子墨心跳加速，脑海中一瞬间被恐惧充满。他凝视着母亲那略带迷茫的眼神，才慢慢意识到，母亲已经把他错认成了年轻时的父亲。那一刻，他的心仿佛被撕裂，悲苦涌上心头，却只能默默承受。

有时她会跑到厨房，打开炉火，执意要做饭；有时甚至会用牙缸舀马桶里的水。他从不发脾气，总是耐心地引导，但内心的痛苦却无处可藏。只有妻子小美懂得他的辛酸。为了安全，他们给家中许多地方上了锁，以防母亲做出危险的举动。有时不得不将她绑到椅子上，才能腾出手来做事。妻子常常在一旁陪伴着他，静静地递来温暖的眼神，她是他唯一的支撑。

"你妈已经是重度痴呆，最多还能维持两年。"医生给出诊断时，子墨只觉一阵失魂落魄，母亲的手握在掌心，渐渐感受到生命的无常和无力。他轻轻将母亲的手放在自己脸上，内心哽咽——或许，再多的努力也改变不了什么。

几年过去，母亲的病情未如医生预言的那般迅速恶化，但也没有好转。子墨仍每日悉心照料母亲，陪她看电视，甚至教她画一些简单的图形，以此来刺激她的记忆。冬夜里，他轻轻将母亲搂入怀中，披上一条毛毯，哄她入睡，仿佛回到儿时母亲宠溺他的那段时光。妻子小美则精心准备婆婆最爱的湖南菜，儿子亲自喂她。偶尔母亲脸上浮现出短暂的笑容，子墨心头感到一丝温暖，仿佛无边的黑暗中也有一缕阳光。

在阳光明媚的日子里，子墨推着母亲在公园散步，轻轻握着她的手，聆听鸟鸣。见到陌生人时，母亲会焦虑，双手拍打轮椅。子墨轻声安慰道："妈妈，不用害怕，我在这里。"这一句"我在这里"，仿佛不仅是对母亲的承诺，也是对自己的安慰。

日复一日，年复一年，母亲仍在夜半时分悄悄来到他的房间，坐在床头，轻声呼唤那个永恒的"哥"。子墨逐渐习惯了这份守护，将每个深夜都视作心灵的洗礼。母亲深处的记忆虽已模糊不清，但在他心中未曾消失。即便她未能完全清醒，子墨也不再遗憾，因为他让母亲比医生预期的多活了八年。

这十年里，他不仅为了母亲而活，更是为了那段早已逝去的亲情。他在母亲的沉默中，看到了她对父亲的爱，也看到了自己对母亲的承诺。

母亲渐渐虚弱，静静躺在床上，似乎等待着与久别的爱人重逢。子墨守在床边，亲手替她擦洗、翻身，尽心尽力地照顾这个曾对他无微不至的母亲。

母亲去世的前夜，她突然坐起，紧紧抓住子墨的衣襟，口中呼唤着已逝丈夫的名字。子墨哽咽无言，轻轻握住她的手。送走母亲后，他回到空荡的家，几乎瘫倒在沙发上，任由思绪在孤寂中游荡。

一段时间里，子墨漫无目的地生活，连画笔也不再碰触。那些曾让他心动的色彩与线条，如今显得黯淡无光，仿佛在嘲笑他失去的美好。

某个黄昏，他走进母亲的房间，凝视着空荡的床铺，心中涌起一股冲动。他拿出画具，摩挲着画布，仿佛触摸那些熟悉的回忆。他将母亲对父亲的深情、自己对母亲的承诺，化作画布上流淌的色彩。随着画作逐渐增多，子墨的名声重新崛起。

去年，他创作了一幅名为《哥》的作品，作为对母亲的最后纪念。画中，年迈的母亲坐在床边，面容安详，仿佛陷入梦境中与年轻时的自己相会。画的右侧是一道模糊的影子，仿佛是父亲年轻时的身影，微笑着望向她，眼神中透出不尽的温柔和思念。

子墨决定举办一个小型画展，主题为"爱的传承"，以此纪念父母。开幕当天，阳光温暖，亲友齐聚，偌大的展厅因这些怀念而静谧。子墨站在展厅中央，缓缓讲述他与父母的故事，讲述那些年深夜母亲守在他床边，低声呼唤的"哥"。在每一幅画中，他都注入了这份延续的爱，仿佛通过画笔与已逝的岁月对话。

展览最后，他静静站在《哥》前，闭目祈祷。他心中默念，愿父母在另一个世界能看到这些画作，能感受到这份长久未变的爱。他知道，父母的深情早已融入他的生命，成为他人生中最温柔、最宝贵的力量。而这份力量，也将陪伴他在未来的岁月中继续前行，照亮他今后的每一个日出日落。

10-2024

西部情怀：一场与牛仔、牛群的意外邂逅

初秋，我们驾驶着RV从西雅图出发，奔腾在犹他州广阔的天地里。周围那由色彩斑斓的植被覆盖而成的山脉，如同层层叠叠的彩色地毯，与天上的蓝天白云窃窃私语。

辽阔的草原与山间，一幅壮丽的画卷正在车前缓缓展开。清晨的第一缕阳光洒在大地上，绿草如茵，生机勃勃。突然，一阵尘土飞扬，由上千头牛组成的庞大群体在朝霞的映衬下显得格外壮观。它们的身影在阳光下泛着泥土色的光泽，如同一条河流在草地上蜿蜒流淌。蹄子踏在地面上发出的沉闷声响，仿佛是大地的脉搏在跳动，让人瞬间感受到了草原的活力。

此时，前方的洲际公路上，一阵尘土飞扬，只见头牛昂首阔步地走在大路的最前方。它的肌肉在阳光下泛着油光，牛角在尘雾中闪烁着光芒。它带领着群牛坚定地向前走着，那沉重的步伐溅起漫天尘土，尘雾弥漫中只听得见牛蹄拍打土地的声响，隆隆而过，山谷幽静。

望着眼前的阵仗，我惊愕了！其实，路上的车被牛队挡住了去路，与牛群抢道是说不过去的。我被这突如其来的景象所震撼，心中涌起一股莫名的激动。我们迅速驻车，不愿错过这难得一见的一幕。

在不远处，几位真正的年轻牛仔，身着整齐的牛

仔裤，头戴宽边帽，腰间系着皮带，皮靴踏在马镫上，不紧不慢地跟随着牛群，是那么潇洒自如。马蹄掌啪嗒啪嗒的响声仿佛是为牛群发出的节拍，与牛蹄声齐驱并进，有时竟错落有致。此刻，我们的视觉与听觉经浑然天成，优美迷人。牛仔们的脸上刻着风霜，眼神中透露出对这片土地的深深眷恋和对牛群的温情。他们不是驱赶，分明是陪伴，是牛群灵魂的一部分。头牛发出一声低沉的哞叫，那声音带着魔力，穿透山谷与谷地草原里的每一个角落。

牛群中的小牛不时也发出哞哞的叫声，它们的眼睛好奇地打量着周围的世界。我隔着车窗望见一只只牛紧随头牛其后，形成了一支细长的队伍，它们瞬间变换了队形，像是为车流让道，场面异常壮观。骑在马上的牛仔们，与牛群保持着一定距离，既是对牛群的引导，也是对这片草原文化的守护。他们的身影在尘土中若隐若现，仿佛是从西部传奇中走出的英雄。

我们让路让了半小时，牛群才全部通过。我望着它们消失在山峦的尽头，心中充满了对这片土地和生活的敬畏。

望着这群牛缓缓前行，心中不禁想起了那些传说中的牛仔。他们骑着马，戴着宽边帽，腰间别着手枪，勇敢地在这片土地上追逐梦想。而今天，我们在这里偶遇牛仔、牛群，就像是那些牛仔精神的化身，无畏地行进在通往新世界的道路上。这一刻，我仿佛穿越了时空，与那段粗犷而自由的历史有个约会。

美国牛仔的历史与美国西部的开拓紧密相连，是19世纪美国文化的重要组成部分。复古的镜头从天而降，仿佛时代的穿越，真不敢相信自己的眼睛。这不仅是大饱眼福，也是从心灵深处涌出激情，我似要变成一只无形的大鸟，用双翅拥抱振奋人心的队伍。我不仅拥抱的是现实，更拥抱的是历史，是美国西部的辉煌。

十八世纪末至十九世纪初，牛仔的先驱是西班牙的牧场工人（Vaqueros），他们在加利福尼亚州和德克萨斯州等地区工作。这些西班牙和墨西哥的牛仔技术娴熟，对美国西部的牛仔文化产生了深远的影响。

十九世纪中叶，德克萨斯州的牧场主开始驯养和管理大量的长角牛，这些牛原本是野生的，后来被驯化用于肉用。

再去看那些沉默而行的老牛，脸上浮现出一种忧伤，莫非他们走去铁路，坐上火车，奔赴刑场不成？一八六六年，美国内战硝烟散尽，牛肉需求随之激增，牛仔行业因此迅猛发展。

牛仔们担当着将牛群从德克萨斯州等地的牧场，赶往堪萨斯州的铁路终点的重任，这段旅程被称作"长途跋涉"（Long Drive）。在那里，牛群将被装载上火车的车厢，运往东部城市的屠宰场。

在驱赶牛群的过程中，牛仔们塑造了独特的生活风格，身着牛仔裤、头戴牛仔帽，熟练运用绳套

（lasso）等技艺。眼前的一切，都是历史的见证。然而，在新的世纪，我们是否还在固守旧时代的传统？我不禁深思，或许连那些老牛都清楚自己的命运，所以它们选择沉默。

一八八零年代，随着西部铁路网络的扩张和围栏法的推行，牛仔的长途驱赶变得不再必需，牛仔行业开始走向衰落。

二十世纪初，尽管牛仔的实际工作有所减少，但通过电影、文学和音乐的渲染，牛仔的形象被浪漫化，成为美国文化中不可或缺的象征。

多么想知道这些牛群的归宿，心中不禁担忧它们走向刑场，但愿并非如此。难道它们只是换个地方住住吗？

这次的偶遇，不仅是一场视觉的盛宴，更是一次心灵的洗礼。我们停下车，拿出手机，记录下这史诗般的一幕。想象一下，如果此刻背景音乐是《西部世界》的主题曲，那将是何等的沉浸体验！若你身处这片西部大地，你会如何记录这一刻？

这片土地，这些生命，以及转瞬即逝的牛群队伍，都在默默地告诉我们：无论时代如何更迭，西部关于勇气、自由和开拓的情怀，将永远在这片土地上延续。牛群渐行渐远，直至消失在山的那一头，我心想，如果这是直播，必定能登上热搜。若你是这场直播的主播，你会为这场直播定一个怎样的标题？

因此，当你下次观看牛仔电影，如《赤胆屠龙》或《不可饶恕》，或在现实生活中遇到此类场景，请记住，这不仅是历史的回声，更是现代与传统的完美交融，西部精神与牛仔生活的再现。

在现代社会，牛仔的形象和故事依然醒目，他们的装束风格、专业精神以及深远的影响力，如同西部那无垠的苍穹，浩瀚无际，永恒如初。

在这片广袤无垠的西部大地，时间的流转与历史的沉淀交织，生命在此瞬息万变。牛仔们的身影虽已渐行渐远，但他们的传说和坚韧不拔的精神，激励着每一个追求梦想的灵魂。这种精神，不仅是对过去的缅怀，更是对现代生活的启示，提醒我们勇敢面对挑战，追求独立与自由，铸就更加辉煌的自我。

11/20/2024
刊登于"世界日报"

陌生祖母的金桔

每年，当果实丰收的季节来临，我们便会前往亚利桑那州的凤凰城度假。在这个阳光普照的城市，社区网络上常常会出现这样的邀请："本周末，即几月几日，欢迎踏入我家的后院，免费采摘柑橘和柠檬，敬请提前电话预约。"好奇心驱使我们拨打了一个电话，并如约前往。

在一栋小白房子面前，迎接我们的是一位满头银发的白人老奶奶，她的名字叫 Mary。她的后院虽然不大，却是生机勃勃。除了种了各种各样的蔬菜之外，几棵柑橘和柠檬树尤为引人注目，金黄色的果实挂满枝头，仿佛在向我们这些远方来客挥手致意。

Mary 的皮肤因长期曝露在阳光下而显得有些粗糙，但她的眼神中却流露出对自己这片小天地的深深热爱。"欢迎来到我的小果园！"Mary 热情地欢迎我们，"你们喜欢金桔吗？它们是我最喜欢的。"

"这些柑橘树看起来真健康！"我赞叹道，"您是怎么照料它们的？"

Mary 的眼中闪过一丝自豪，"每棵果树下都要挖一个坑，这样既能积水又能让树根得到光照。夏天浇水时，要细水长流，确保每棵树都能浇透。"

"您种的这些金桔真漂亮！"我说。

Mary 微笑着回答:"它们是我的骄傲,也是我孙女的骄傲。过去她经常来帮我做事。"

她一边说一边拿出一筐免费的新鲜柠檬,帮我们往袋子里装。

我们的注意力突然被桌上的一张卡片和一张光头女孩的照片吸引。那是 Mary 的孙女,一位正与白血病勇敢斗争的勇士。

Mary 拿起孙女的照片,声音温柔地告诉我们:"小孙女最大的爱好是阅读,我就是想用出售部分水果的钱给她买书,希望能为孙女做些力所能及的事情,鼓励她与病魔抗争。"

"她喜欢读什么类型的书?"我好奇地问。

Mary 的眼中闪过一丝温暖的回忆,"她喜欢读那些关于名人传记的故事。她总是说,书里的故事能给她力量。她已经十六岁了,非常成熟。"

我问道:"您孙女现在怎么样了?"

Mary 的眼中闪过一丝忧郁,"她正在与病魔作斗争,每一天都是挑战,但她从不放弃。她喜欢每天下午坐在医院后院里,晒着太阳,读着书,享受着宁静的时光。"

Mary 接着说:"有一天,她突然告诉我,她想要写一本关于自己的故事,让其他人知道,即使面对困难,也要坚持信念,永不放弃。她开始写她的日记,记录下每天的治疗和感受,还有她对未来的希望和梦想。"

我被祖孙俩的故事深深打动,购买了些水果,并在卡片上签名留念。Mary 不断强调,她这么做不是为了赚钱,而是希望通过这种方式让更多人了解她孙女的故事,汇聚更多的爱与力量。

我深受感动,望着那一片金黄的柑橘,在夕阳的余晖下显得更加辉煌,我觉得这位陌生祖母的心,就像阳光下金桔一样,闪耀着金子般的光芒,那是一种无法言喻的坚韧与慈爱。

当我们离开时,Mary 从地里剪了几支雏菊送给我们,说替孙女感谢我们。那花香淡淡的,却有着与金桔一样的金光。

09-2024

伦敦过客

清晨七点半，我们从英国伦敦喜来登酒店办理退房，步履匆匆，直奔地铁。

周日的早晨，地铁里安静得像个图书馆，偶尔几声打哈欠的回响，仿佛是在举行一场睡意的交响乐。

对面有两位女子正在阅读，年长者的黑卷发散落在额前，手中捧著一本泛黄的书，夹着几片古旧的书签，似乎是从某个古老书店里挖掘出来的宝贝。细黄的丝线随着列车的颠簸轻轻摇曳，仿佛在说："快来读我，快来读我！"

我瞬间想起了昨天在地铁里，旁边那位正在品味《Catching the Fish》的男士，看来伦敦人对纸质书籍的热爱，已经根深蒂固，简直像爱吃英式早餐一样不可或缺。我似乎看见这位读书人持竿垂钓，有一条鱼在杆子上活蹦乱跳。

列车驶过西敏寺（Westminster Abbey）站，心中一阵激动。这些熟悉的地名如同历史的音符，在我心头轻轻拨动。滑铁卢（Waterloo）站的名字如同昔日战场的回响，带着那段拿破仑历史的火花，让我想起自己学生时代所学的那些欧洲历史。纵使我不是个好学生，但那段记忆却如同铁轨上的火车，一直在我脑海中呼啸而过。

随着列车穿越市区，伦敦的轮廓渐渐被晨雾吞没，犹如一位优雅的绅士披上了神秘的斗篷。

一个半小时后，我们抵达南安普敦(Southampton)的五月花港口，这时迎接我们的是倾盆大雨，仿佛是天公在为这段旅程泼洒"特别调味料"。想起历史中的五月花号，这里就是起点，这艘历史悠久的船只，曾承载着追求自由的灵魂，离家出走，开创了新大陆的篇章。为纪念历史，这里起名五月花港口。

温暖的雨点在我头顶洒落，雨水顺着卷发流淌，我被雨水打湿得像只落汤鸡。雨水的洗礼让我恍惚间想起那两本英国小说《雾都孤儿》和《简爱》，那古老故事里的角色们，是否也曾在这样的雨中，感受过人性的温暖与冷漠？透过被雨水模糊的镜片，我眺望远方，雨中那停泊的 Regal Princess 号游轮犹如梦中的幻影，令人向往。好想立刻跳上船，投入她温暖的怀抱，远离这场突如其来的暴雨。

海面上无数小船在雨水中漂浮，犹如秋天的落叶，桅杆如同仅剩的枝干孤独却又优雅地承载着船上的梦想。徘徊在港口，我忍不住想起了那些古怪的英国人，他们总是在雨中漫步，似乎一点也不在意。伞下的他们，脸上挂着无奈的笑容，仿佛在说："哎，又是一个美丽的雨天！"这样的风景让我想起一位英国老人的经典名言："在英国，雨天就是晴天的代名词。"

回首这一日，真是美得不可思议。每一个瞬间都在告诉我，伦敦这座城市并没有被岁月磨平，而是依旧如同一位优雅的绅士，举著一杯红茶，向我微笑。

它在每个角落低语，诉说着过去与未来的故事，让我不由自主地沉醉其中。

我们的游轮终于驶出港口。

06-2023

磕瓜子

我喜欢磕瓜子，尤其是在读书或写作的时候。磕瓜子的节奏，总能让我心无旁骛地沉浸其中，甚至让灵感源源不断地冒出来。我的瓜子袋放在沙发左手边的玻璃茶几下的小筐子里，每次随手抓出一把，感受指尖划过瓜子壳的轻微触感，那份安心感便瞬间弥漫开来。

瓜子仿佛有种魔力，即使我一颗接一颗地磕，它依然看起来永远满满的，似乎随时在自动填补，我好像能看见瓜子袋魔法般静静填充自己，像瞬间长出来般的一颗颗，一变俩，俩变三，一直变下去。磕下一颗瓜子，手边就又会冒出几颗，也像灵感的涓涓细流，永无止境地滋养着我的写作。只要这袋瓜子在，我的想象便不会干涸。

对我来说，瓜子不仅是写作时的零食，更是我的"灵感储藏室"。每当我轻轻磕开一颗壳，仿佛也敲开了内心的一扇门。文字便随着壳的破裂声自然地流淌出来，带着瓜子的香气，也带着一丝平静的满足感。磕瓜子的节奏，让我的思绪随之律动，让阅读与写作不再是任务，而变成一种带韵律的心灵之舞。

所以每当我的文字停滞不前时，我就抓一把瓜子，放在掌心里慢慢地磕着。这份小小的仪式，陪伴了我无数个阅读与创作时光，带来了无尽的灵感。磕不完的瓜子，就像写不完的文字及读不完的书。这种源源不断的充盈感，成了我生活中最朴实的快乐。

有一天，儿子看见我拿本书又坐在茶几旁磕瓜子，忍不住说："妈妈，你就吃吧，你可知道一把瓜子有多少热量吗？"我笑着摇摇头，心里却暗暗地想着——他哪里知道，这瓜子可是我的智慧小帮手啊！那些细小的瓜子壳，是我与灵感相伴的见证，陪伴了我无数美好时刻。只要瓜子在，灵感便会一直在，故事也将永远没有尽头。

终于有一天，我发现大门牙上有了个小缺口，微不足道，却像一枚记号，悄悄记录着这些年写作的每一段时光。摸着这个缺口，我心里涌上一阵轻快——这缺口啊，就像那些故事中的小瑕疵，正是这些不完美，才赋予了我的文字以真实的温度。于是，我又微微一笑，抓起一把瓜子，继续磕着，静静享受这专属于我的阅读与写作的简单时光。

有一天，牙医帮我补了这颗牙齿，我心想，终究还会再来补呢。

11-2024

午餐约会

我从西雅图到西安探亲之际，接到西雅图朋友电话，说她昨晚已经抵达西安，我便约她到西安小吃中心秋林公司午餐约会。可笑的是我们同住西雅图，竟有六年没时间见面，如今在万里之外的老家西安午餐约会，连自己都觉得很有意思，也增加了一份意外的惊喜。

两点的餐厅，过了饭点，还有空坐，我们两人一见如故，找了个长桌长凳靠边坐下。一阵寒暄之后，我点了一碗热汤乔面和洛，一碗凉皮，一个牛肉饼两人分食。望着一圈的美食摊点，闻着不同食品的香味，感慨随着年龄的增大，已是眼大口小。虽然家乡的味道每样都吸引人，也只能浅尝辄止。

我们两人吃得津津有味之时，旁边来了一位精神抖擞的老外白人男子，五六十岁，把身上的背包随便往地下一放，就坐到旁边，对面坐下一瘦小华人女子，年龄相仿，他们用中文对话。女人提醒他说："地下脏，把包放凳子上"，我笑了，在美国的习惯在中国不适合。我突然注意到旁边的几桌也都是他们的人，还有白人女士。大家轻声细语，英文交流，点着自己爱吃的不同食物，低头享用。一问竟从美国来旅游的家人及朋友，还有从西雅图来的，我扭头忙打招呼，感觉亲切无比，顿时打成一片。

我与朋友家长里短地聊了一阵子，旁边的女人竟在半小时内点了七八种不同的小吃，柿子饼、肉夹馍、凉皮、菜卷、油饼、锅贴、红烧猪蹄，她双手抓着不同食物贪婪地吃着，两眼发直，一看就知道是多年没回西安了。她嘴上还沾着油渍地对我说："没想到西安变化这么大，这里的小吃环境这么好，让人眼花缭乱"，她一边说一边还看着我们碗里香喷喷的和洛面条，又问哪里买的，我指明方向，她竟又端一碗热气腾腾的面来吃，旁边的老外看得两眼放光，瞪着她老婆，不知所措。他两眼直直地盯着旁边的甜食看，他说："还是那些甜食对我有吸引力"，我笑说："那就去买，大大地便宜"。

我们四个人，虽同桌而食，却各自沉浸在自己的美食世界里。来自美国的我们，经历不同，却都为这美食而来，眼中闪烁着对美食的渴望，口中品尝着岁月的味道。

这场约会，不仅是人与人的相聚，更是人与美食的邂逅。

11-2024

走入《小妇人》的世界

在第二届美国华语原创 IP 电影节期间,做为文学爱好者我有幸参观了《小妇人》作者路易莎·梅·奥尔科特的故居。这座位于波士顿附近的古老建筑,不仅是文学爱好者的朝圣之地,更是充满历史记忆和文学灵气的场所。

波士顿的秋天,总是带着一丝微凉的清新。阳光穿过城市里茂密的枫树,洒在鹅卵石铺就的小路上,空气中夹杂着古老建筑散发出的岁月气息。

走进那扇厚重的木门,仿佛推开了时间的帷幕,瞬间穿越到书中那个充满温暖、成长与生活气息的世界。而奥尔科特故居的周围,则是波士顿优美的自然景致延伸。

参观的那天,微风轻拂,橙红色的树叶在脚下沙沙作响,远处的查尔斯河河水静静流淌,仿佛为这个文学之旅增添了几分诗意。

步入故居,房间的布置立刻让人感到亲切,那熟悉的壁炉、摆放整齐的书桌、窗边的摇椅,仿佛都从书页中走出来一般。值得一提的是那书架上还摆着一本最早出版的发黄了的中文书"小妇人",我想翻看,但不能,可我的心灵早就开始翻阅那本小说了。讲解员熟练而充满感情的解说,将我们一步步带入书中的情节,她仿佛不仅是在讲述作者的生活经历,更是与书中人物融为一体，带着我们重温每一个细腻动人的瞬间，我也身临其境了。

在游览过程中，我时常驻足，凝视那些曾经被作者和书中人物使用过的物品——一只略显斑驳的钢笔、一张写满文字的手稿、一盏古旧的油灯，还有那只著名的长枕头。我不禁想到书中所描写的那些平凡而动人的时刻，马奇家四姐妹在这些物品的陪伴下度过了她们的成长岁月。每一件物品似乎都在诉说着那个时代的温暖与艰辛，而正是这种细腻的描写方式，赋予了《小妇人》独特的艺术价值。她曾描写男主人公不略世事，以为自己的鞋带儿断了会自动长出来呢。太灵动了！

奥尔科特的写作方式独具灵气，平凡中蕴含深刻情感。例如，书中对乔·马奇的描写总是那么鲜活、生动。她倔强、勇敢，带着对自由的渴望，似乎在每一段对话中都闪烁着生命的火花。乔常常坐在书桌前，奋笔疾书，她的文学梦想与不屈的精神在字里行间喷涌而出。而这一切的创作灵感，或许就源自这座房子中的某个角落，某个窗前。据说作者奥尔科特每天要写作十到十四小时。

还有书中姐妹们之间的友情与邻里情感，在奥尔科特的笔下显得温暖而真切。邻居劳里和四姐妹之间的友情描写，不仅是青春的见证，也是人生中美好感情的象征。她通过简单的对话、朴素的场景刻画，展现了人与人之间深厚的情感纽带，这种描写方式正是奥尔科特作品的一大魅力。

当我走出故居，站在门前的草坪上，微风带来了查尔斯河边的淡淡水汽，阳光穿过高大的橡树洒在脚下。我意识到，这座故居不仅是一个历史遗迹，它更是文学作品中的一部分。奥尔科特用她的笔触，描绘出那个时代女性的成长与奋斗，将波士顿这片土地的厚重文化与人情味注入了书中的每个字句。在波士顿的街道上漫步，我不仅感受到了这座城市的历史与现代交融，还仿佛与《小妇人》中的人物们一起走过了那些人生的起伏。

奥尔科特的文学世界，不仅属于她的时代，更跨越了时间，影响着每一个走进这片文字世界的读者。那种平凡中的灵气、朴素中的情感，正是《小妇人》这本书带给我们最珍贵的礼物。

我以为，《小妇人》已经成为女孩子成长的一本心理教科书。

刊登于10-2024"世界日报"副刊

意外的公民礼

我一想到要进行一对一面试，神经就绷紧得像一根拉满的弦。那天，我走在前往公民考试的路上，既紧张又期待，为了这次考试，我已无数次在脑海中预演，反复温习那一百道问题。

真正站在了考场门口时，紧张感超乎了我的想象，面前每张应试者的脸都在提醒我：这是一个重要时刻。考场外排着长长的队伍，我坐在等待的凳子上，默默复习脑海里的问题，心中的不安始终挥之不去。不一会儿，喇叭里响起了我的名字，我的心跳猛然加速，深吸一口气。

走进考场办公室，考官是一位温和的亚裔男子，他坐在我对面，脸上挂着亲切的微笑。他说："请你举起右手宣誓，保证今天所说的一切都是真实的。"我举起右手，却紧张地脱口而出一个"No"。

那一瞬间，空气仿佛凝固了，我心中一紧，恨不得立即消失，估计考官马上就要对我说："你回去吧，练好了英文再来！"。千钧一发之际，我急忙解释："对不起，先生，我太紧张了，我应该回答'Yes'。"考官微微一笑，似乎理解了我的窘迫。

随着他提出的一系列问题，我的紧张感逐渐消散，思路也渐渐清晰，我对答如流。等他满意地点头说：

"恭喜你，下午来宣誓吧。"我终于松了口气，欣喜若狂。

走出考场时，我才意识到自己忘了拿外套，匆忙又折回去，考官忍俊不禁。

下午的宣誓大厅里，人群熙熙攘攘，静谧而庄重。来自世界各地的新移民们着装各异，脸上流露出不同的情感，有的人兴奋不已，有的人则略显紧张。大家静静地站立，目光聚焦在前方的屏幕上。工作人员宣布即将播放总统的讲话，整个大厅顿时鸦雀无声。

录像带放入机器，总统刚开口几句，屏幕却忽然卡住。工作人员忙上前调试，几次尝试后，屏幕上竟然出现了动画片，一群色彩鲜艳、憨态可掬的天线宝宝。那一瞬间，大家愣住了，随即忍不住笑出声。天线宝宝在屏幕上蹦跳旋转，发出滑稽的声音，有些人甚至跟着节奏摇摆，欢声笑语回荡在大厅中。

几分钟后，屏幕终于切回到总统讲话，宣誓厅的气氛又恢复了庄重，但刚才的滑稽插曲依然在空气中弥漫。我们这些异乡人在天线宝宝的"祝福"下，相视而笑，心中多了一份默契与亲近感。

当宣誓结束的那一瞬间，我正式成为了美国公民。走出大厅时，天线宝宝的身影依然在脑海中回荡。原本严肃的入籍仪式，因为这段意外插曲，变得温馨而生动。身份的转变，不再只是一个形式，而是充满包容的一段经历。

在这次意外而难忘的公民礼中,曾经的紧张和严肃都在笑声中烟消云散。生活总会送来意想不到的惊喜,而在这片新土地上,我带着这份温暖的记忆,微笑着走过了几十年。

11-2024

扫墓记

因诸多原因，已经许久没有回祖籍。这次在从上海出境之前，我们决定先去苏州扫墓，祭奠祖先，心中多了一份期待与感慨。

那日细雨朦胧，似乎天也在低语着回忆的故事。我与先生乘出租车来到凤凰山公墓，眼前是被雨水洗涤过的青翠山坡，墓园里显得格外宁静。虽然不是清明时节，偌大的墓园里仿佛只剩我们两人，四周静谧得只剩下脚步声和雨滴落下的轻响。

在前台报了祖父母的姓名后，我们拿到了墓碑的位置图。某区某排某行，看似简单，实则墓碑林立，绿意掩映，我们竟一时迷了方向。抬眼望去，青灰色的墓碑延绵成片，仿佛在诉说着一段段悠远的时光，内心不觉生出一丝寒意，也多了些许敬畏。

墓园门外有一排简易的台子，上面整齐地摆放着鲜花、香烛和纸钱。几位乡下妇人走上前来，热情地向我们推荐着花束。我们最终挑选了一束黄色菊花，代表心中那份朴素却深沉的思念。站在墓碑群中，雨水轻柔地洒在肩上，仿佛天地之间多了一层温情的滤镜。

这时，一位穿着碎花衫的老大娘主动上前，带着一口苏州方言说：“我带你们去吧。”她步伐轻快，像是熟悉这里每一个角落。我们跟随着她，攀爬在曲折的坡路上。路途虽有些遥远，但心里渐渐多了几分踏实。走在雨中，虽然迷失了一会儿方向，但回望四周，祖先们的长眠之地令人心生宁静。

终于，在大娘的带领下，我们找到了祖父母的墓碑。看着那沉静的青石碑，仿佛看见了往昔的日子浮现在眼前。我先生站在墓前，眼里泛起了泪光，那些藏在心中的思念终于找到了出口。我们郑重地献上鲜花，三鞠躬，仿佛通过这个仪式，跨越了时光与空间，和已逝的亲人再一次重逢。

就在我们静静祭拜时，几位妇人上前帮忙擦洗墓碑，描红碑文。她们的动作虽有些匆忙，却让我感受到了一种朴素的关怀。也许她们的行为方式不尽如人意，但换个角度想，她们也是以自己的方式守护着这一片片土地，守护着这里长眠的灵魂。先生安慰道："她们就像祖父母的守陵人，守护的不只是石碑，还有我们对逝者的思念。"我也不禁释怀，心中多了一丝温暖。

扫墓结束后，我们站在山下回望，凤凰山依旧肃穆庄严。祖先们长眠于此，仿佛在安静地等待后代的到来。只是，我们又能有几人常常回到这片土地？生者在繁忙的世界里奔波，常常忽略了那些沉睡在历史中的身影。活着的每一天，或许才是对他们最好的纪念。

离开墓园时，我们遇到了一位善谈的妇人。她随意地聊起了墓地的价格，提到如今墓地越来越贵，甚至出现了所谓的"阴房",让人不禁感叹。但聊到最后,我们依旧回归了最根本的感悟:生命短暂,活在当下,才是真正值得珍惜的。

雨依旧淅淅沥沥地下着,山间的空气清新得沁人心脾。我们默默离开,心中却多了一份平静和满足。无论是对逝者的怀念,还是对现世的感悟,这次扫墓带给我们的不仅是告别,更是一种与过去和解的契机。

06-2023

小鬼发飙

西雅图（Seattle）雅克玛 John 家八十亩苹果园一望无尽。鬼节那晚，树上早已没了果实，嗖嗖的秋风吹着落叶沙沙作响。

苹果林里只有一群小鬼孩们彻头彻尾地装扮完毕，端着手电筒成群结队地到处敲门要糖，房子与房子之间都隔着苹果林，路途有些遥远。寒风凛冽中小鬼们脚都走痛了，就指望着袋子里多要几把糖、最好是巧克力！

见到一栋白房子，孩子们蜂拥而上。

"砰砰砰"几只小爪子同时拍打到那扇白门上，门呼啦一声拉开了，一位穿扮著二十年代裙服，青面獠牙的大胖女人猛然出现在眼前。这群小鬼被吓地"哇"地齐声尖叫退避三尺。面目狰狞的大妈大吼著粗嗓子问："是谁在敲我家门？"

小鬼群里有个羞涩的童音冒出来"trick or treat"、声音小地只有他自己可以听见。"哈哈哈"大妈粗鲁地一声怪笑："要糖没有、要苹果有一堆！"然后用脚踢出一筐华盛顿红苹果。

"我们有得选择吗？"小鬼不高兴地问。

"No no no！苹果，苹果，还是苹果！你妈没告诉你咱这片地只能长出苹果吗？我倒真希望能长出巧克力呢！"老鬼答。

"我恨苹果，总是苹果！我恨透了它！"那位小鬼突然发飙了……

"非常抱歉，今天我只有苹果，应有尽有。"听到小鬼的愤怒，老鬼却温柔了许多。

"行，那您的意思是说我们没有选择吗？"有几只小手慢腾腾地伸到筐子里不情愿地拿几个用彩纸包裹的苹果，放入装糖的袋子，扫兴地看着青面獠牙的胖女人。

小鬼在心里对自己说："我恨苹果，恨苹果酱，恨苹果汁，恨苹果派，如果明年你还给我苹果，我真希望有股龙卷风把这片苹果园都刮跑。"生长在苹果园的孩子们哪能喜欢苹果呢，他们真希望要到的是巧克力。

当坐在病床上的老头 John 给我讲这个故事的时候、他说那个发飙的小鬼就是几十年前的他。如今那八十亩苹果园被自己的儿子经营得风生水起。
"最后那个大女鬼给你们糖果了吗？"我好奇地问。

"我们回到家，剥开苹果上的彩纸，发现里面的大苹果中间夹着一颗酒心巧克力，我快疯了！我错怪了大鬼。我永远都不会忘记那个万圣节，太令人激动了！"John 眼里闪着笑意。

万圣节的快乐源远流长。

12-2014 初稿
9-2024 刊于"世界日报"

伦敦之旅：寻找勃朗特姐妹的心灵灯塔

去年九月，我又来到了英国伦敦（London）。在伦敦，每一步都仿佛踏在历史的痕迹上。无论是漫步在伦敦市中心的特拉法加广场，还是穿梭于伦敦金融城的繁忙街道，都能感受到这座城市浓厚的历史气息和现代节奏的完美结合。伦敦的博物馆和画廊，如大英博物馆和国家美术馆，收藏着世界级的艺术和文物，是艺术爱好者的天堂。

我怀着崇敬的心情，参观了西敏寺（Westminster Abbey），那里安放着勃朗特三姐妹的纪念碑。她们是夏洛蒂·勃朗特、艾米莉·勃朗特和安妮·勃朗特，三位十九世纪英国文学史上最杰出的女性作家。这块最美的纪念碑下面是一行字：WITH COURAGE TO ENDURE（用勇气去忍受）。短短一句，道尽了三姐妹一生的困顿、挣扎、奋斗与隐忍。

勃朗特姐妹出生于一个贫穷的牧师家庭，在约克郡的霍沃斯教区长大。她们的父亲帕特里克·勃朗特是一位爱尔兰裔的英国国教牧师，而她们的母亲玛丽亚·勃朗特则是一位有文学才华的女性，她在女儿们很小的时候就去世了，留下了深刻的印记。在母亲的熏陶下，勃朗特姐妹们从小就对文学和写作充满了热情。

在假期的宁静时光里，我再次翻开《简·爱》

与《呼啸山庄》，两部作品如同两股清流，交叉流淌在我的心田。夏洛蒂与艾米莉的笔触，带我走进了两片截然不同的文学天地。在她们的字里行间，我感受到了人性的复杂，重新发现了文学那深邃而迷人的魅力。

夏洛蒂的《简·爱》，宛如在暴风雨中傲然绽放的野花，坚韧而又不失娇美。简·爱的故事，不仅是爱情的篇章，更是一位女性自我觉醒的史诗。她教会我们，即使在最黑暗的命运下，也要坚持信念，守护内心的光明。夏洛蒂的文字，温柔而充满力量，让简·爱的形象栩栩如生，成为无数女性心中的楷模。

艾米莉的《呼啸山庄》，则如同一场激烈的风暴，狂野而直接。它展示了爱情的巨大能量，以及当这种力量扭曲时的破坏性。凯瑟琳与希斯克利夫的故事，是对爱与恨极端情感的表达，是对人性深处的挖掘。艾米莉的笔锋锐利，她不加掩饰地揭露了人性的复杂和社会的残酷。

安妮·勃朗特的作品，虽不及姐姐们的那样广为人知，但《艾格尼斯·格雷》同样展现了她的文学才华。她的叙述细腻而真实，描绘了女性在社会中的困境与追求。安妮的文字，如同她的人生，虽然低调，却蕴含着坚韧的力量。

在勃朗特姐妹的笔下，女性不再是故事的点缀，而是拥有独立思想和情感的力量。她们的作品，不仅是对当时女性地位的一种挑战，更是对性别偏见的有力反击。勃朗特姐妹的文字，如同她们的生命，虽历经沧桑，却始终闪耀着不屈的光芒。

阅读她们的著作，我犹如穿越到了十九世纪的英国乡村，亲历那个时代的风云变幻。她们的作品，不仅是个人情感的流露，更是对那个时代社会现实的深刻剖析。让我深思女性的角色，以及我们如何在现代社会中继续前行。

合上书页，我仿佛从一场深沉的梦中醒来，心中充满了对勃朗特姐妹的敬意。她们的文字，如同历史的回声，穿越时空，依旧在我们耳边回响，也提醒我们，无论时代如何变迁，追求平等和真理的旅程永无止境。在忙碌的现代生活中，勃朗特姐妹的书籍是我心灵的避风港，让我得以暂时逃离喧嚣，深思生活的真谛。

10-2024

横行将军

每年夏末秋初，是华盛顿州居民的捕蟹季节，居住在西雅图，是有口福的。

"人人笑尔太张扬，脚细伶仃宜自藏，若是世间无直道，横行天下任君狂。"螃蟹是天生的"横行将军"，凭借两只灵活的钳子和自信的步伐，在海底任意游走。每年一到这个时节，我们全家也会兴致勃勃地加入捕蟹队伍，体验与这些"霸道"生物的较量。

那日清晨，我们带着期待和装备出发了。丈夫开车拖着小船，女儿在一旁叽叽喳喳地问个不停："今天能抓多少螃蟹呢？""就看螃蟹给不给我们面子了"我打趣地说。

码头上停满了各式渔船，有些船上高高堆放着捕蟹笼，船员们忙碌地做着出海前的准备。丈夫自豪地展示他自己做的电动滑轮，这个小机器可以帮我们轻松地将沉重的捕蟹笼拉上船。去年我们手动拉笼子累得腰酸背痛，今年有了这个"神器"，期待变得更强烈了。

小船驶向海军基地附近的海域，阳光洒在海面，水波金光，海风轻柔地吹拂在脸上。到了合适的捕蟹点，丈夫将事先准备好的捕蟹笼放入海中，笼子里装着螃蟹最爱的鱼块和鸡腿，这种香味在水下对螃蟹有着致命的吸引力。

我们静静等待着，期间，女儿试着学钓鱼，偶尔能拉上一两条比目鱼，她得意地展示自己的"战果"，我则从手机上搜索蟹的生态习性。珍宝蟹，学名 Dungeness Crab，是太平洋沿岸的珍宝，它们个头大，肉质鲜美，是每年夏季最受欢迎的海鲜。它们喜欢栖息在水深较浅、海藻密布的海底，依靠锋利的钳子捕食小鱼和甲壳类动物。

我的思绪又飞回到中国，那年弟弟家请客吃海鲜宴，吃惯了珍宝蟹的我和女儿盯着盘子里的那么小的"大闸蟹"发愣，不知道怎么吃。觉得我们中国人就是幽默，这么小的螃蟹却起名大闸蟹，嘻嘻。

时间缓缓流逝，海浪轻轻拍打着船身。突然，丈夫启动滑轮，将第一个捕蟹笼缓缓拉上水面。笼子上满是水珠，螃蟹们挥舞着双钳，显得不甘示弱。女儿凑近看着，兴奋地叫道："妈妈，看这些螃蟹好大！"，我们按照规定用卡尺一一测量，只有超过一张美金纸币大小的公蟹才能带回家，而母蟹则必须放生。

虽然每次捕上来不少螃蟹，但实际能带回家的却有限，每个人每天只能带六只螃蟹。遵守这些规则既是为了保护资源，也是尊重大自然的回馈。看着那些不够尺寸的螃蟹被重新放回海中，女儿说："太可惜了，好容易捞这么多。"我微笑着解释：

"螃蟹也是大海的居民，遵守规则是为了让它们有机会繁殖，这样我们每年都能来捕捞。"

随着夕阳的余晖渐渐染红天际，捕蟹的行程也接近尾声。我们带着十几只合法捕捞的珍宝蟹，慢慢返航。船在平静的海面上滑行，天空和海水交织出一片温柔的粉红与蓝色。丈夫操作滑轮时，还不忘调侃："看吧，有了这个电动滑轮，我们今年省了多少力！"我笑着说："是啊，今年靠你的发明，可轻松多了。"女儿则用双手捧着螃蟹，幻想着晚餐时的大餐。

捕蟹是一场人与自然的对话，我们在收获美味的同时，也学会了如何尊重大自然的馈赠。这种平衡，是人与自然间最和谐的相处之道。

07-2024

女卡西莫多

茵茵与珍妮在西雅图（Seattle）美国银行不期而遇，这是茵茵离开 hospice 十几年后第一次再见珍妮。

"十几年不见了，珍妮，您还在 hospice 做志愿者吗？"茵茵在拥抱她时问道，声音中透着惊讶与怀旧。

"是的，已经做了十几年了，离不开那里了。"珍妮穿着男式夏威夷衫，衫上的椰子树随着她的身体仿佛真的在风中摇曳。多年不见，珍妮除头发全变白外其它没有太大变化。在常人的眼里，珍妮依然是那么"丑"，头的上半部比一般人大三分之一，两只"鱼眼"，一张有兔唇伤疤的大嘴，下嘴唇因肌肉松弛而下垂，泛红的脸很粗糙，几条深深的皱纹看上去略显沧桑。

十几年前，当茵茵第一次在医院见到珍妮时有些惊愕，她从未见过如此"丑"的白种女人。珍妮因为胖，走路像只胖鸭子，双脚向外甩着。那天，茵茵的同事 CC 似乎猜透了她的心思，轻声对茵茵说："别看珍妮长得丑，她人很好，并心地善良！"

刚开始在 hospice 工作时，茵茵对照顾奄奄一息的病人心有余悸，都会紧张得发慌，珍妮就像一位慈祥的长辈，温柔地安慰她："别紧张，人都是要死的，然后会变成天使飞向天空。"听她这么一说，茵茵的恐惧更为加剧，似乎在她的想象中，白色的魂灵真如珍妮所说，变成天使飞出窗口。那时候，茵茵刚刚从护校毕业，而珍妮则是临终关怀部门的志愿者。

"我在西雅图长青公墓前台工作，安排葬礼，查询墓名，为公民服务。"珍妮认真地自我介绍，眼中闪着自信的光芒。茵茵听着就有些害怕，墓地呀，那是个充满死亡的地方。

每周一、三，珍妮都会来到医院做义工，她的任务是帮助护士给病人喂饭、翻身，甚至擦澡。对一名志愿者来说，要有很大的爱心才能做到这些。茵茵记得，她在一个阳光明媚的下午，看到珍妮为一位瘫痪的老奶奶喂汤，珍妮的态度温柔而细腻，一边喂一边与老奶奶聊天，讲述一些快乐的往事。老人的眼中闪着泪光，虽然无法说话，但脸上却挂着微笑。

"我先生去年癌症晚期，在这里住了两个月，得到医护无微不至的照顾，直到他走。我为感谢医护，便开始在这里做义工。"第一次见珍妮时，她对茵茵自我介绍，声音中带着难以言喻的情感。茵茵被她的坚持和善良深深打动。

珍妮的温暖不仅限于照顾病人，她常常在节日为病人准备小礼物。茵茵记得圣诞节前夕，珍妮提前几周就开始亲手做小饼干、手工贺卡。节日一到她带着一袋袋温暖的小礼物，微笑着走进每间病房，那笑容像冬日里的阳光，照亮了每一个病人的心，她听他们讲述过去的故事，分享欢笑与泪水，病房里弥漫着温暖与感动。

像珍妮这样的义工在 hospice 每天都有，但坚持这么多年的只有她一人。她总是说，先生生命的最后时刻是在这里度过的，她在这里做义工是替他回报恩情。茵茵心中涌起对她的敬佩。

茵茵明白，珍妮的外表虽然并不出众，但她的内心却如同璀璨的星辰，照亮了每一个需要帮助的灵魂。珍妮不仅用行动温暖了他人，也在这个过程中不断治愈着自己。

珍妮像巴黎圣母院里的卡西莫多一样有一颗金子般的心灵。她是我心中永远的女卡西莫多。

11-2024

文艺路的兴衰

在归国的日子里,黄昏时分,大院里总是如约而至地迎来七八辆大巴车,车门洞开,一群群异国面孔带着兴奋与好奇鱼贯而出,他们专为陕歌大剧院的中国传统节目而来。都说疫情之后,西安的老外踪迹难寻,如今形势回温。

这情景,让我不禁追溯到几十年前的童年时光。由于父亲是歌剧团的舞美设计师,每隔一两年,剧团的新戏上演便成了我生活的一部分。从《白毛女》的样板戏,到《窦娥冤》的传统剧,再到《黄河大合唱》和《革命红歌》,我几乎未曾缺席。

小学时光,我常与院里的孩子们一起,趁着大人入场时的熙攘,从人群的缝隙中溜进人民剧院,坐在楼梯上品味戏剧的魅力。那些戏,连演数月甚至一年,我们却始终看不腻。

舞台上的演员,都是我熟悉的叔叔阿姨。记得有次《白毛女》的山洞戏,白毛女的裤带松动,一跃而起时,裤子几欲脱落,幕布急忙落下,台下笑声如雷。还有那次,跟随父亲走进后台,遇上演日本鬼子的邻居叔叔,他们手持刺刀,做着鬼脸吓唬我,那一幕至今仍历历在目。童年的剧场记忆如此生动,舞台上的故事仿佛是中国革命史的缩影。

一九七二年,日本松山芭蕾舞剧团踏足西安,他们的《天鹅湖》和《白毛女》片段,风采迷人。

父亲在舞美上助力,我因此得以近距离观赏,那是我第一次目睹"外国人"的风采。尽管日本演员与我们并无二致,但芭蕾舞演员的气质却优雅得令人难忘。至今,芭蕾舞仍是我的最爱。

长大一些,混票的日子不再,只能依靠父亲带回的赠票继续我的戏剧之旅。九十年代初的《窦娥冤》、《洪湖赤卫队》和《江姐》,演出结束,全场起立鼓掌,演员多次谢幕,那是西安歌剧艺术的黄金时期。我羡慕地看着舞台上的身影,觉得他们无比伟大,平日里遇到演戏的叔叔阿姨,也是敬仰有加。我经常还在学校向同学们炫耀,说自己家的邻居就是演江姐的谁谁。

然而,随着影视剧的兴起,歌剧团的光辉不再,几个团合并才能拼凑出一台戏,多是面向外宾的《丝路花雨》等民族表演。父亲感叹:"戏曲剧院的传统秦腔也无人问津,只能靠免费票吸引观众。"他指给我看剧场外排队的那些忠实的老票友。如今,戏剧艺术的未来更令人忧虑。

父亲早已退休,但时常追忆往昔,如他设计的《窦娥冤》中那场七月飞雪的背景效果。他感慨:"文艺路的剧团已不复当年盛况,剧院靠出租楼盘维生,演员阵容也今非昔比。"那些曾经风华绝代的艺术人,如今已难觅踪迹。

初中时,我因害羞未理会在大院门口遇到的男同学,第二天他戏谑:"你们歌舞剧院的人就是傲气，连拿酱油瓶都显得高高在上。"那时，文艺界辉煌，我也被爱屋及乌。

如今的文艺界，已转向自负盈亏，国家的扶持不再。那些辉煌岁月，似乎只能深藏在记忆的角落。在这片曾经响彻戏剧旋律的文艺路上，如今只能依靠外来者的好奇来维持一丝文化的呼吸。那些曾经熠熠生辉的舞台，那些曾经让我们为之骄傲的艺术，如今却如同残阳下的余晖，渐渐淡去。国家的大潮已转向，文艺路的辉煌似乎真的只能成为记忆中的泡影，在这座城市的角落里，无声地哀悼着一个时代的落幕。而我们，只能在这份沉甸甸的回忆中，寻找那曾经闪耀的文艺之光，企盼着未来的某一天，它能重新照亮这片沉寂的舞台。

听说，市里有些小剧场，演出一些小节目，年轻人会购票观看，也许那算是生活的一部分娱乐而已。

11-25-2024

法庭见

老黄是一位年迈的华侨,自从他的老伴几年前去世后,他的生活变得一团糟。

一年前,他的独生女儿带着全家(包括她的丈夫和两个孩子)从加州搬来与他同住。老黄免去了女儿的房租,因为她的丈夫最近失业,正在努力寻找工作。他觉得大家住在一起可以相互照顾。

退休前老黄在美国政府工作,即便退休了,他依然享有很好的福利。他名下这套已经还清贷款的大房子,一家三代生活在这里,其乐融融。

然而,天有不测风云。女婿找工作一直不顺利,小黄既要照顾两个孩子,又要做家务,还得上班。小两口经常因为小事吵架,没日没夜。有一天,小两口不在家,老黄喝了些酒,看到孩子把房子搞得乱七八糟,脏碗都堆在碗池子里,水流到了地上,他有些怨气,顺手抓起了三岁小孙子的领口,把他扔到门外,然后关了门。门外,邻居报了警,警车几分钟就到了老黄家门口。那孩子依然坐在门外的地上大哭,老黄一时性急加上酒劲,不小心划破了孩子的脖子,留下了一条浅浅的淤血印子,这成为了老黄虐待孩子的证据。

"我父亲喝得太多,他不是故意的,只是吓唬吓唬孩子罢了。"刚从超市赶回来的女儿一个劲儿地对警察解释，但老黄还是被连推带拉地铐上手铐，推入警车，随着警笛离去。不久，小黄接到警局的电话，说她父亲被送到了医院，因为酒精过量，身体出现抽搐现象。

警察警告他们，孩子不可以再靠近爷爷，他们只好请朋友帮忙照看。小黄看到父亲躺在病床上，氧气气管插着，血压高得吓人，又抽了几管子血，医护忙前忙后地跑。小黄有些被吓着了，他坐在病床前，握着父亲的手说："如果当初我们不搬来一起住，就不会发生今天的事情。"老黄苦笑着看看女儿，老泪纵横。

一周后，老黄拖着还未痊愈的身子，被送到法院。女儿也来到那里，等待法官的判决。法官判决，鉴于老黄的身体状况，他一人不可以单独去住，唯一的女儿也不可能撇下孩子在和父亲住在一起，因为这次事件，老黄几年内不得见自己的亲孙子。

除了医院，老黄不得不被送往老人院暂住。半年后，房子被卖掉，房款用来付老人院费用，估计够他养老。女儿一家又搬回加州，因为女婿在那里找到了新工作。一家人就这样被法律隔开。虽然小孙子常常喊着要见爷爷，而爷爷也后悔当初自己的所作所为，看来在美国，中国文化里的一些合情合理的行为不一定合法，而合法的又不是合情合理的，我有些无语。

12-4-2014

听风是雨

"听风是雨"可以是一种写作的心态，让我随心所欲，自然流露。

有时候我觉得自己很是冲动，总是试图将周遭的事情写出来。我是说自己的耳朵太尖，神经特别敏感，总是有意无意地听一些别人不怎么关心的事情，然后加以雕琢。这种种冲动，挡也挡不住。

或许是因为自己的嘴太笨，所以耳朵尖。还好，我是用中文写作的，即使写了什么，老外也不会读，更料想不到他们的故事被我听来、写下来。仔细想想，人生是孤独的，我们总得想办法给自己开扇窗，透透气，也顺便让能进来的灵魂与我们有个约会。我在家爱洗碗，目前很感谢这份工作。因为自己面对着青山绿水，洗着洗着，那流水的淅淅声沿着手指滑过空气，穿透双层玻璃向那凌空的世界飘去……

我的眼里不再是现实世界，而是开往巴黎市区的列车上。对面坐着个华裔女青年，我问她："你来法国几年了？"

"五年。"

"有没有去过卢浮宫？"

"还没有！"

"为什么没去过？又近又那么有名。"

"对你来说有名，对我不是。为什么要去那里？打工都来不及呢。"

我望着她，自己觉得非常尴尬。原先想咨询一些博物馆的情况，可没了指望。看来，世界上有很多事对自己非常伟大，对别人来讲也可能微不足道。

在巴黎的那一周，我们中午总是去一家温州人开的"周记"餐馆吃饭，听他们聊天。老板与职员把法国政府骂了一通，又开始骂法国人笨，说法国人不会像美国人一样发明高科技产品，例如 iPhone、iPad 之类的东西。

我说："法国有号称空中巴士的飞机。"

他们说："那也比不上美国的波音。"

我说："巴黎的时装也很著名，还有法国面包。"

有一个女人说："时装是给富人服务的，面包还没有我们中国的好吃。"

我又说："法国政府有良好宽松的移民政策。"

老板说："从非洲来了大批新移民，种族问题、宗教问题、治安问题都层出不穷，真没法说！"

谈话有些怨天尤人，聊天总觉得欲言又止，这是我们对巴黎华裔的最初印象。也许他们过得并不怎么好，生活并没有想象的那么美好、容易，甚至可能不如在中国过得好。那为什么要留在法国呢？

我的疑问在几年后仍然是个疑问。也许，我当时把他们对生活的不满意和几句牢骚话当了真。有时候，我们会把对生活的一些牢骚话放在心里。如果遇到对的人、对的时机，也会一吐为快。难道我就是那个他们认为"对"的人吗？哈哈。

又想起最近新来的病人莉莉娅。她哭着告诉我，她被确诊为肺癌，又不想让只有十八岁的儿子知道，怕他担心、害怕，却又希望儿子来医院看自己。她哭啊哭，哭完了我整个一上午。我觉得自己的心都要碎了，开始痛恨自己的工作环境。

莉莉娅说她怕死，说自己还年轻，不该死！

我说，化疗吧。她说，化疗后还是死，还会把满头美发掉光光。我看着她满头的黑直发，打趣说："掉光的头发再长出来会满头卷发的。"

她扑哧一声笑了："人家都这么说，我就喜欢卷发。"看着她可怜兮兮的样子，我总是想逗她开心。也许将来会有更先进的基因疗法来治愈癌症。很少有人不怕死的。我从心底怨恨美国的医疗规定：为什么医生会将病情这么迅速地告诉病人？简直毫无保留地全盘托出，没病死也会被吓死。可如果不提前告知病情，耽误了治疗，病人又会反告医生，让医院赔个没完。想想这世界，没有一个平均与公平。

思路峰回路转，我又想到最近自己关注的一位作家。读了他的作品，觉得自己的灵魂到他的世界游了一回，收获满满。我们的生活不只是为了油盐酱醋，活着即使身体不自由，灵魂也要自由。我们生活在今天，又仿佛是在昨天；在昨天，又如同在明天。在同一瞬间，我可以身在巴黎，还可以在西安，又会在西雅图。

在某种情况下，一个人的存在本身就可能伤害另一个人。他是高山流水，你是下里巴人；他爱晴空万里，你爱缠绵细雨；他细致入微，你粗枝大叶。如何是好呢？那就活自己的呗！还是那句话，活着，即便身体不自由，也要努力让灵魂自由。

"听风是雨"就是我的写作习惯。

07-29-2013
"侨报"

喇叭花开

第一次见到杨太太是在她家的楼梯上,她来开门的那一刹那,我就永远记住了她。杨太太穿着一身蓝色系的套装,体态很好,海蓝色的上衣配着白碎花落地的裙子,同样也是海蓝色的。脚下的紫色尖头皮鞋只露出那么个尖儿,从她挺拔的站姿可以判断出鞋跟,起码有两寸高。

她的笑容是出众的,挺直的鼻梁夹在两片茶色墨镜中间,蓝色的眼影一直画到眉骨底下,腮红斜在两颊红红的,把那张小脸衬托得更加轻巧。鲜红的嘴唇笑开来,便露出白牙;短发,被吹得高高的,向外翘着。

我的第一感觉是突然间见到一位老电影明星,比如王丹凤之类的,或是即将上舞台的角色。在美国,我还是头一回如此近距离地面对这么一位浓妆艳抹的女士,我惊呆了。

我按地址去取朋友带回的东西,便和杨太太有了这第一次的照面。她用一口上海普通话问:"侬是哪一位?"她那把在门框上的手也是精心修过的,红色的长美甲更加加深了我对她的印象。我说自己刚刚打过电话找杨先生来取东西。然后她便优雅地回头,朝着屋内楼梯对着的方向喊:"杨先生,有人找!"楼梯的台子上垂挂着一大盆紫红色的喇叭花盆景,花絮拖到扶手上,依依泛着花香。

只见一位老头穿着便衣,微笑着从楼梯上慢腾腾地走下来,还没顾上和我打招呼,杨太太拎了个蓝色的香奈儿小链条包,积极地先对杨先生说:"老头子,我走了,他们等着呢。"并向我招招手,便吧哒吧哒地下了门外的楼梯,开着黑色奔驰一溜烟走了。

杨先生说:"我太太急着去朋友家打麻将,这是你的东西。"他一边说一边递过来个包裹给我。我接过之后说谢谢,他讲了句"再会"就进去了。

杨先生和我朋友合伙做生意,货物从大陆来,再批发到加州。在香港时他就开始做贸易,那时货物都从广州来,再批发到香港。

第二次再见他们是个把月之后的事了,杨太太托我们共同认识的朋友找我,给她小儿子介绍对象。我这里刚好有个合适的女孩子。

我先到杨家见了杨家小儿子 Jack,了解些情况。再见杨太太时才知道她已经年近 70 岁,脸部依然是浓妆艳抹,离远看她就是个五十多岁的阔太太的模样。看着她儿子,说是四十出头,可已有些白发,皮肤黝黑,一脸温和,像极了杨先生。我介绍了女方的情况,便决定一周后两人在 M 购物中心见面。

女方提前十分钟到了 M 商店的北门,左等右等还不见 Jack 来,又等了十分钟,还是不见他来。我打了电话,他说半小时前就到了,人在南门等着。

我真不知是自己说错了地方，还是缘分不到，果然女方没看上，这段恋情还没有开始就已经结束了。

我先生笑我说："你根本不是当媒婆的料，让Jack找不到北。"

第三次到杨家是帮 Jack 的老婆找工作，原来Jack后来回中国找了一个东北女子结婚。以后的故事是照着Jack的婚姻发展的，那时他媳妇马铮还很年轻漂亮，Jack给她买了辆新车，新手机，她也不停地打电话到我这里问这问那。有一次她说自己丢了手机，就在单位到处张贴寻物启事，结果手机还是在自己的工作柜里找到的。

过了一阵子，她又聊到这年龄差距太大的婚姻，实在问题太多。

两人相差十五岁，生长环境又不同，Jack从小就随父母从上海移居香港，二十多岁又来到美国；而女方从生下来就没有离开过哈尔滨。她说自己最爱的食物就是猪肉炖粉条，而Jack家的钟点工做的都是上海菜，那茄子甜味儿她实在接受不了。还有，他们就没有什么共同语言，两人的话题就像是隔了一代人。

她认定我是她在这里认识的第一个朋友，在心里把我当姐姐。一年后，我也习惯了听她抱怨。有一次她突然说想离婚，我问为什么，他说两人太不一样了，从生活习惯到消费观念通通不一样。例如说，每天Jack光洗个澡就在厕所一呆就是一个多小时，还锁个门，也不知道在里边干什么。显然性格内向的Jack，有些老态就让他媳妇忍受不了。

一年后，听说他们真的离婚了，杨太太打电话过来说："浓晓得不？我们家花了好大的力气，将她办来美国，绿卡拿到了，说离就离。看来人家说得对喽，到大陆娶太太就是不牢靠。"杨太太生气的时候也带着一股优雅气息。马铮也抱怨美国并不像自己想象中的那么美好，还不如在哈尔滨呆着。双方的信息交叉着传到我这里，我庆幸这段婚姻不是我促成的。事实上，事态的发展给双方都造成了损失，谁说这不是人生的一个课堂呢？Jack打来电话说，马铮告诉他自己去中国做生意去了，他依然关心着自己的前妻。海外长大的Jack显得比较单纯，虽然也老大不小了。我可听别人讲，她真的搬去了外州，还找了个老外，很快就又结了婚。

再次去杨家的时候，是参加杨先生八十岁生日派对。三层House里填满了人，杨太太依然光彩照人，端着杯红葡萄酒和朋友正聊天。我仿佛看见她在香港太太们牌桌上的神情，又似乎看到她当年穿着旗袍，带着自家几个打扮得漂漂亮亮的孩子，坐在洋车上穿行上海南京路上的姿态。此刻，她似乎已经把儿子的婚事忘得一干二净了。

Jack文质彬彬的过来招呼着我，还念念不忘前妻，对自己的这段唯一的婚姻残留着无限的留恋。那盆开放的紫红色喇叭花仍然垂挂在客厅的楼梯上，我用手去摸了摸才恍然大悟，原来那盆花是假花。我一直以为是真的，还觉得仿佛闻到了香味。

看来生活就像这盆喇叭花，看似鲜活动人，实则都是假象，可又给人一种美好的愿望。

12-4-2013 "侨报"

小妹

我一直以为，那些没有太多优势的女孩——既没有出众的长相，也没有特别的才华——应该趁年轻赶紧嫁人才是。免得年纪渐长，选择更少，机会也愈发渺茫。

但事实证明，我错了。

我的邻居毛阿姨家的小妹，与我一同长大。从小学到高中，我们一路同行，顺理成章成了好朋友。小妹个子高挑，却在青春期时脸上布满青春痘，看起来总有点扎眼。但就是这么一个不起眼的女孩，竟然在她哥哥的帮助下，参军去了广州。那是一九八零年代，在那个年代，女孩子考不上大学还能通过关系参军，我着实羡慕了她好一阵子。自那以后，我们的联系变得稀疏，她每年回来时，仍会来看看我，带些新奇的东西给我看。

没过几年，就听说她退伍了，跟着她哥在深圳开起了公司。每次回来，她都会带些"时髦"产品向我展示——电子表、随身听、仿羊皮大衣。虽然这些东西让我看得新鲜，但心底总有些酸涩。我心想，不就是个皮包公司吗？那个年代，深圳的皮包公司比南方的蚊子还多。

然而，不可否认，她比我们这些留在北方的女孩幸运得多。深圳，那时是中国经济的风向标。每当听到她的消息，我心底的羡慕就越发强烈。

后来，毛阿姨告诉我，小妹独自开起了酒吧，还认了个"干爹"。从那以后，她的生活似乎完全变了样。听说她"暴富"了，穿貂皮大衣、戴蛤蟆镜，每次回西安都像是来炫耀似的。有一次，她穿着一身华丽的行头出现在我家，连我差点都没认出来。她不仅变了外表，还做了双眼皮手术、垫了鼻梁，甚至还去吸脂，把自己弄得好像杂志上的模特。

后来，我去了国外，我们彻底断了联系。十年后的一天，我回国，在西安东大街上偶遇了她。她喊住我，我转头一看居然是小妹。十年的光景并未在她脸上留下多少痕迹，反倒显得更加"精致"：白得像蛋清的皮肤，黄得发亮的头发，配上高挺的鼻梁，乍一看像个洋人。我问她过得如何，她却酸溜溜地回我："还能怎么样？哪像你，好到都跑到美国去了。"她语气里透着几分怨气，和当年那个不可一世的女孩判若两人。

后来从毛阿姨那里听说，小妹一个人带着孩子住在西安最好的高层公寓。孩子的父亲——也就是她那个"干爹"，是一位香港的商人，有妻儿，每年只来看他们一次。对于这样的生活，我既不理解也无法苟同，于是便渐渐疏远了她。

多年后，在异国他乡的一个圣诞晚会上，我再次遇见了她。那一刻，她几乎让我认不出。小妹穿着黑色紧身裙，露出修长的双腿，脚踝上两条金链子熠熠生辉。她站在一个男人身旁，举杯交谈，显得优雅而从容。当她转过身来，我们四目相对，那一瞬间，我几乎呆住了。她也是一脸震惊，似乎没想到会在这里见到我。

"哇！"她突然兴奋地扑过来，抱着我转了一圈，那种熟悉的热情仿佛又把我拉回了我们的少女时代。

后来我才知道，小妹早已借着为儿子找学校的名义来到美国，还遇见了现在的丈夫，一个比她小几岁的未婚男士。他们热恋后迅速结婚，如今她带着儿子住进了丈夫的房子，生活安稳幸福。她甚至计划生第二个孩子。"还来得及，快努力吧！"我对她笑着鼓励。

时光荏苒，曾经的"二奶"身份似乎成了一个遥远的梦。我为她如今的生活感到高兴，也为我们这段异国重续的友谊感到欣慰。或许，人生的奇妙就在于此，无论我们如何选择，故事总会在某个意想不到的地方重新展开。

09-3-2014
"侨报"

婚礼

有时候,人们会想起一些事情,被这些杂乱的情感所驱使,留下的却是挥之不去的迷茫……

最近,我总是想到"婚礼"这个词,想到自己一生所参加的屈指可数的几次婚礼,总觉得有些记下来的必要。不仅是因为婚礼的热烈、趣味及意义,还因为其中似乎包含了一些人文的东西。

回味这些婚礼的内涵和效果,会由衷地产生一种冲动。

一九七零年代中期,我还是个懵懂的少女。那时,前院的建明叔叔结婚,我和小伙伴们起个大早,去看大人忙碌地在他家门上贴大大的喜字。实际上,那是双写的喜字,用红色电光纸剪成的。门上还贴着"天长地久""花好月圆"的对联。

我们这群小孩在他家附近转悠了很久。我发现,他家的门已经旧得不像样子,油漆都掉了,门槛也被踏陷了下去。那么好的对联贴在上面,有些极不相称。

我们混在人群里,看大人忙碌。有人喊着:"快点去接新娘呀!婚礼要在 12 点前举行,否则不吉利。"这是我少年时第一次听说的结婚规矩。

十点左右,鞭炮声响起,有人高喊:"新娘到了！"我便冲到大院门口看热闹。新娘是被一辆卡车送来的（据说是建明的小舅子开的车）。新娘从车上下来，被人簇拥着走进大门。她穿着红色灯芯绒上衣、黑色平展的裤子，脚上是一双亮闪闪的红高跟皮鞋。她长着一双大眼睛，胸前戴着红花，脸上满是笑容。从头顶洒下的彩纸在阳光下格外耀眼。

新娘身后，还有人从卡车上抬下许多陪嫁的东西，都是由女方亲属依次抬进来的。棉被、榆林毛毯、电水壶、搪瓷盆子、尿盆、毛巾被，还有一辆飞鸽牌自行车。人群中，有人看到自行车便啧啧称赞，说女方家真大方。我们这些小孩则在大人缝隙间挤来挤去，哄抢地上的炮仗和刚洒下的喜糖。

整个小院沸腾了起来，欢声笑语此起彼伏。有一只红苹果被人高高挂在房梁上，新郎新娘被起哄去啃苹果。结果，两人不好意思，啃着啃着就啃到了一起。这样的情景，我后来在电影里见过很多次，但那是我人生中第一次见到男女亲吻，只觉得好玩，没有半点羞涩。

张奶奶在旁边感慨："建明真不错！'三转一响'、'三十六条腿'，准备了好几年呢。"

我好奇地问张奶奶："'三转一响'和'三十六条腿'是什么意思？"她笑着解释："'三转一响'是手表、缝纫机、自行车、收音机；'三十六条腿'呢，就是双人床四条腿，饭桌四条腿，椅子十六条腿,再加上两个箱子的八条腿……这些都是结婚时最好的家当!"

我们小孩子听得似懂非懂,但对这些细节毫无兴趣。最感兴趣的,是"闹洞房"。

夜幕降临,我们随着大孩子挤在建明家的门口,把耳朵贴在铁窗上,想听点什么,可是一片寂静,什么动静也没有。不久,我们便各自散去回家了。后来,眼看着他们在院子里过日子,夹杂着孩子的哭声和夫妻的争吵。那间小房子里挤满了家具,晚上还得把自行车搬进屋里,怕被小偷偷了去。十几年后,我们搬了家,他们的幸福生活也就从我的视线里消失了。

有些女孩子似乎天生早熟。那时,我还在上大学,而高中最好的朋友殷茵已经工作。一个夏天,她来我家告诉我,她有了男朋友,并且很快就要结婚了。

我听后非常吃惊。在我看来,我们都只有二十出头,怎么可以这么早结婚呢?那次,我们聊了很久。当我送她到家门口时,竟有些依依不舍,仿佛觉得殷茵一旦结婚,我们之间的距离就远了。

在大门外的路边台阶上,坐着一个年轻人。他朝我们看了一眼,然后站起来,脸上泛起羞涩的笑容。殷茵拉着我的手,略带迟疑地介绍道:"这是我的……那一位。"

我问她:"为什么让他等在外面?为什么不请他进来?"殷茵低声答道,支支吾吾地,好像有些不好意思。

虽然我和殷茵关系很好,但她并没有要求我做她的伴娘。我猜,她大概觉得我的性格太沉默,不适合那样热闹的场合吧。不过,她邀请我留宿,与她一起度过作为姑娘的最后一晚。

那一晚,我们聊了很多。她显得焦虑而不安,而我也隐约感受到她的不确定。我们一直聊到凌晨,才渐渐睡去。如今,我几乎忘记了她当新娘时的着装,却清晰记得她母亲的一句话:"你千万不要像殷茵这样,嫁个农村来的,太麻烦,后头的事多着呢。"

当时,我替殷茵感到不平。新郎明明是个大学生,前途光明,看起来也是个可靠的人。可是她母亲却一边摆弄嫁妆,一边嘟囔着各种不满。

婚礼的具体仪式,在我的记忆中已经有些模糊,但大多数流程一个都没有缺。只是,新郎家只派了姐姐和姐夫来参加,据说是怕花太多钱。婚礼当天,殷茵的新房里摆着一束红色的绢花玫瑰,这是我送给她的新婚礼物,格外显眼。

然而,三年后,他们离婚了。我从未问过具体原因,只听人说,新郎是"凤凰男"。这种从贫困农村走出来的青年，尽管个人条件优秀，却往往背负着家庭的重担。他们的父母期望他们光宗耀祖，而他们自己也习惯将家人利益置于妻儿之上。这样的婚姻，注定有着太多压力。

少数民族的婚礼有着别样的风味。我的家乡西安有一条"回民街"，汉民和回民的通婚并不少见。

我曾参加过一位朋友的婚礼，新郎是回民，高大威武，新娘则是娇小玲珑的汉族姑娘。这是一九九零年代初的城市婚礼，颇具现代气息。新娘穿着洁白的婚纱，新郎则是一身西装革履，配合着到处点缀的鲜花，显得特别新潮。

婚礼是在下午举行的，不允许喝酒。酒席上，宾客们纷纷送上最美好的祝福，但一滴酒都没见到。新娘的父母原本并不看好这桩婚事，认为信仰的差异会带来麻烦。新娘必须遵从回民的生活习惯，比如不吃猪肉等。但在爱情面前，这些小小的委屈似乎显得微不足道。

这对新人算得上青梅竹马，郎才女貌。婚礼的排场很大，接新娘的车队清一色是大红色菲亚特轿车。在那个年代，能凑齐八辆崭新的小轿车，确实不凡。我有幸坐在其中一辆车上，感受着激动人心的时刻。

一年后，他们有了可爱的女儿。然而几年后，还是以离婚收场。听说原因是新郎经常打妻子，但没人去深究。毕竟，许多人一开始就不看好这桩异族通婚。

如今，我身处异国他乡。在美国这片移民国家的大地上，异族通婚早已司空见惯。移民的第二代大多接受西方教育，文化隔阂显得微不足道。婚礼的形式也各不相同，有人在教堂、轮船上举行，也有人在自家后院举办简单而温馨的仪式。

随着岁月流逝，我对婚礼的热情也逐渐冷却。曾经那些热闹的场景，现在想起来更多的是一种淡淡的感慨。

冷却的热情是首诗。

06-28-2013
"侨报"

www.ingramcontent.com/pod-product-compliance
Lightning Source LLC
Chambersburg PA
CBHW070743160125
20420CB00041BA/853